ro
ro
ro

Tim Hendrik Walter, Jg. 1984, ist seit 2014 Rechtsanwalt und Fachanwalt für Familienrecht mit dem Interessenschwerpunkt Zivilrecht. Unter dem Pseudonym «Herr Anwalt» klärt er auf Social Media über Rechtsfragen auf. Inzwischen folgen ihm Millionen Menschen auf TikTok, Instagram und YouTube. Tim Hendrik Walter lebt in Unna.

HERR ANWALT

#5MINUTEN JURA

Recht einfach erklärt

Rowohlt Taschenbuch Verlag

2. Auflage November 2021
Originalausgabe
Veröffentlicht im Rowohlt Taschenbuch Verlag,
Hamburg, November 2021

Mitarbeit Diana Droste
Covergestaltung zero-media.net, München
Coverabbildung FinePic®, München
Satz aus der Karmina bei Pinkuin Satz und Datentechnik, Berlin
Druck und Bindung GGP Media GmbH, Pößneck, Germany
ISBN 978-3-499-00604-3

Die Rowohlt Verlage haben sich zu einer nachhaltigen Buchproduktion verpflichtet. Gemeinsam mit unseren Partnern und Lieferanten setzen wir uns für eine klimaneutrale Buchproduktion ein, die den Erwerb von Klimazertifikaten zur Kompensation des CO_2-Ausstoßes einschließt.
www.klimaneutralerverlag.de

FSC www.fsc.org MIX Papier aus verantwortungsvollen Quellen FSC® C014496

INHALT

BEZIEHUNG UND EHE

FAMILIE

LIFESTYLE

STRAFRECHT

JURA-FAKES

DAS RECHTSSYSTEM

VORWORT

Hallo Gerechtigkeitsfan,

schön, dass du diese Zeilen liest! Denn das ist zumindest ein starkes Indiz dafür, dass du dich für eines der interessantesten und wichtigsten Felder unserer Gesellschaft erwärmen kannst: das Recht.

Vorab eine kleine Erklärung, was dich hier erwartet: Dieses Buch erhebt nicht den Anspruch, ein juristisches Studium zu begleiten, geschweige denn, es zu ersetzen. Aber es kann dazu führen, dass du ein besseres Gefühl dafür bekommst, was es mit dem Recht in Deutschland auf sich hat – und möglicherweise kann es dir dabei helfen, Begeisterung für das Fach zu entwickeln.

Als ich 13 Jahre alt war – und ein nicht ganz so gesetzesliebender Mensch wie heute –, war ich bekannt dafür, auch mal Regeln zu brechen. Dies brachte mir unter anderem die ein oder andere Rüge in der Schule ein. Auf ganz besonderem Kriegsfuß stand ich dabei mit der Sportlehrerin, die sich offensichtlich zum Ziel gesetzt hatte, jegliches Spiel und den Spaß am Sportunterricht zu unterbinden: Als nämlich eines Tages eine Konferenz stattfand, in der man sich aussprechen konnte, erklärte die Lehrerin: «Sport muss keinen Spaß machen.» Jemand antwortete: «Aber er *darf* Spaß machen.»

Es gibt kaum Worte, die mich so nachhaltig geprägt haben, wie diese an jenem Tag. Denn nicht nur sollten wir zumindest versuchen, dem Leben mit Freude zu begegnen, sondern ich bin auch zutiefst davon überzeugt, dass wir erst, wenn wir eine Leidenschaft für etwas entwickeln können, wirklich in der Lage sind, besser die entsprechende Disziplin zu lernen und sie zu unserer Berufung zu machen.

Unter uns: Das Studium der Rechte (Jurastudium) ist ein zähes und hartes Brot. Es gibt schöne Momente und Tage, an denen man als Student das Gefühl hat, wirklich praktische Dinge zu lernen. Ein Großteil der Studierenden sitzt aber die meiste Zeit in einer Bibliothek oder am Schreibtisch und liest Bücher, löst Fälle oder fertigt sich (virtuelle) Karteikarten und Mindmaps an.

Die Abschlussprüfungen verlangen oft nach handfestem, abrufbarem Wissen. Das Leuchten in den Augen und die Begeisterung der Studierenden hat sich dann oft zu einem müden Tunnelblick in Hinsicht auf die Abschlussprüfungen – genannt Staatsexamen – verwandelt.

Dieses Leuchten in den Augen junger Menschen möchte ich wieder hervorbringen. Deshalb habe ich Ende 2016 meinen YouTube-Kanal für Studierende und Ende 2019 meinen TikTok-Kanal hauptsächlich für jüngere Menschen erstellt.

Und so möchte ich es auch in diesem Buch halten. Es geht mir nicht darum, die Ausnahme der Ausnahme von der Ausnahme darzustellen mit Fällen, die in deiner Lebensrealität keine Rolle spielen. Es geht mir auch nicht darum, in dir eine komplette juristische Denkweise zu etablieren. Vielmehr geht es mir darum, dich dort abzuholen, wo du stehst: bei deinen Interessen. Bei deinen Alltagsproblemen. Sodass du langsam ein Gefühl dafür entwickeln kannst, welche Vorteile uns das Recht bringt, aber auch, welche Pflichten es uns auferlegt.

Dieses Gefühl dafür, was recht und was unrecht sein könnte, reicht meist aus, um die entsprechenden Nachforschungen darüber anstellen zu können, was in unserer Gesellschaft als Recht und Unrecht gilt. Und wenn dir das besonderen Spaß bereitet, dann kannst du dir überlegen, später einmal Jurist oder Juristin zu werden.

Bedenke aber auf dem Weg dahin immer, dass du – auch wenn es mal schwere Tage gibt – nie den Spaß am Thema verlieren darfst. Denn das ist auch später im Beruf wichtiger als die Aussicht auf ein prall gefülltes Bankkonto. Wenn du reich werden willst, dann ist die Juristerei ohnehin kein Garant dafür.

Merke dir immer: *Wie* du dein Geld verdienst, ist wichtiger, als *wie viel* Geld du verdienst. Das hat ein amerikanischer Unternehmer einst gesagt. Und recht hat er.

SCHULE

Zwei Dinge sind gewiss: Wir werden geboren, und wir müssen in die Schule.

Für die einen ein Ort der Verdammnis, für die anderen ein Quell ewiger Freude und umfassenden Wissens. So oder so: Neben Mathe, Deutsch und Erdkunde hat die Schule auch rechtlich einiges zu bieten.

Manche Schüler, aber auch Lehrer, fallen aus allen Wolken, wenn sie erfahren, welche Rechte und Pflichten in der Schule gelten. Das hat einen einfachen Grund: Diese Rechte und Pflichten werden den Beteiligten entweder gar nicht oder nur lückenhaft beigebracht. Du kannst ja selbst mal testen, ob du bei den folgenden Fragen immer den richtigen Riecher hattest.

DÜRFEN LEHRER CAPS UND JACKE VERBIETEN?

Der Fall

Jamoo konnte leider seit einigen Wochen nicht zum Friseur gehen. Entweder fehlte ihm das Geld oder schlichtweg die Zeit. Aus Angst, dass man ihn wegen seiner ausufernden Lockenpracht auslacht, versteckt er seine Wolle unter einer schwarzen Basecap und setzt sich damit in den Unterricht. Seinem Lehrer Herr Börsch gefällt das jedoch gar nicht. Kurz und knapp weist er ihn darauf hin, dass er doch gefälligst die Kappe im Unterricht abnehmen solle.

Widerstrebend kommt Jamoo dieser Aufforderung schließlich nach, was bei einigen Mitschülern zu Erstaunen führt und bei anderen großes Gelächter auslöst.

Jamoo ist peinlich berührt und wird rot. Plötzlich stößt ihm jemand in die Seite: «Mach dir nichts draus, ich finde es eigentlich ganz süß», flüstert ihm seine Mitschülerin Addisona zu und grinst ihn frech an.

Jamoo ist erleichtert, fragt sich aber trotzdem: Durfte Herr Börsch überhaupt von ihm verlangen, seine Cap abzusetzen?

Die Gesetzeslage

Grundsätzlich spricht das sogenannte Allgemeine Persönlichkeitsrecht erst einmal dafür, dass man sich hierzulande so kleiden kann, wie man möchte. In Deutschland existiert auch kein allumfassendes Gesetz, das festlegt, ob man in der Schule die Kappe aufbehalten darf oder nicht.

Es kommt deshalb, wie so oft innerhalb des Rechts, darauf an: Ob man im Unterricht eine Mütze tragen darf, ergibt sich entweder aus der Schulordnung der jeweiligen Schule oder den darin enthaltenen Berechtigungen für den Lehrkörper, die festschreiben, was er tun darf, um den Unterricht störungsfrei durchzuführen. Mittlerweile befindet sich nicht selten in den Schulordnungen ein solcher Passus, der das Tragen von Mützen oder Kappen verbietet.

Als Schüler, aber auch als Lehrer sollte man sich diese Schulordnung ruhig mal genauer ansehen. Steht dort nicht ausdrücklich, dass Caps und Mützen verboten sind, könnte sie der Schüler streng genommen mit dem Verweis auf sein Allgemeines Persönlichkeitsrecht aufsetzen. Ob man sich aber deswegen wirklich auf einen Streit mit dem Lehrer einlassen möchte, muss jeder für sich selbst entscheiden. Es könnte außerdem gut sein, dass nach einem solchen Streit die Schulordnung entsprechend ergänzt wird – insofern wäre der Sieg nur ein kurzfristiger Erfolg. Vielleicht sollte man sich auch einfach darüber freuen, dass man, im Gegensatz zum Autor dieser Zeilen, noch alle seine Haare hat.

für SCHLAUMEIER

Art. 2 I i. V. m. Art. 1 I GG Allgemeines Persönlichkeitsrecht

Jeder Mensch hat die Möglichkeit zur persönlichen Lebensführung sowie Entwicklung und Wahrung seiner persönlichen Individualität.

Der Fall

Daniel ist eher ein ruhiger und nachdenklicher Zeitgenosse. Anstatt sich mit dem Unterrichtsstoff zu beschäftigen, ist er in Gedanken meist schon wieder bei seinem neuesten TikTok. Auch jetzt gerade starrt er aus dem Fenster und überlegt, wie er bloß den Übergang für sein neues Video hinbekommen soll. «Daniel!» Der Ruf des Lehrers reißt ihn aus seinen Gedanken. «Du kannst uns doch sicher sagen, wen man den ‹Eisernen Kanzler› genannt hat.»

Da Daniel aber weder gerade, noch in den letzten Stunden aufgepasst hat, kennt er die Antwort natürlich nicht und kassiert daraufhin einen missbilligen Blick des Lehrers.

Schlecht gelaunt senkt er den Kopf. Immer wieder wird er einfach so drangenommen, obwohl er einfach nur seine Ruhe haben möchte!

Da stellt sich doch die Frage: Darf ihn der Lehrer überhaupt drannehmen, obwohl er sich nicht gemeldet hat?

Die Gesetzeslage

Die Schule dient der Wissensvermittlung und Wissensüberprüfung. Der Lehrer muss daher ein objektives Bild über den Leistungsstand seiner Schüler bekommen. Hierfür muss er deren Können auch aufgrund der mündlichen Beteiligung bewerten. Dies fällt natürlich schwer, wenn sich einige Schüler nicht von sich aus am Unterricht beteiligen.

Gerade schüchterne oder introvertierte Schüler sollten von den Lehrern jedoch ermutigt werden, etwas zum Unterricht beizutragen. Der Lehrer darf daher Schüler einfach drannehmen, um zu überprüfen, ob der von ihm gelehrte Stoff auch sitzt und / oder verstanden worden ist. Er muss am Ende eines jeden Halbjahres auch eine mündliche Note vergeben und kann die gegebene Antwort als Teil der Bewertung einfließen lassen.

Wenn du ein eher ruhigerer Zeitgenosse bist, solltest du zusehen, dass du dich trotzdem bei allen Fragen meldest, auf die du eine Antwort weißt. Auch wenn die Frage noch so plump ist, genügt es einigen Lehrern bereits zu sehen, dass du aktiv am Unterricht teilnimmst. Ansonsten ist die Gefahr groß, bei Fragen drangenommen zu werden, auf die du nicht direkt eine Antwort hast.

Kleiner Tipp: Melde dich am Anfang der Stunde, wenn es darum geht, die Hausaufgaben vorzutragen, dann hast du oft den Rest der Stunde deine Ruhe. Zwar dürfen Hausaufgaben in den meisten Bundesländern offiziell nicht bewertet werden, beim Lehrer bleibt aber trotzdem der Eindruck eines ordentlichen Schülers. Und als ordentlicher Schüler weiß man: Der «Eiserne Kanzler» war Otto von Bismarck.

für SCHLAUMEIER

Exemplarisch:
§ 48 II Schulgesetz NRW Grundsätze der Leistungsbewertung

Die Leistungsbewertung bezieht sich auf die im Unterricht vermittelten Kenntnisse, Fähigkeiten und Fertigkeiten. Grundlage der Leistungsbewertung sind alle von der Schülerin oder dem Schüler im Beurteilungsbereich «Schriftliche Arbeiten» und im Beurteilungsbereich «Sonstige Leistungen im Unterricht» erbrachten Leistungen. Beide Beurteilungsbereiche werden bei der Leistungsbewertung angemessen berücksichtigt.

Der Fall

Laura hat Sport noch nie wirklich gemocht. Sie sieht einfach keinen Sinn darin, einem Ball hinterherzujagen oder stumpf um den Sportplatz zu laufen. Wie gut, dass diese unnütze Stunde nun endlich vorbei ist! Zu allem Überfluss haben sich jetzt auch noch Lisa und Tamara in der Umkleide in der Wolle. Es geht wohl wieder darum, wer von beiden in nächster Zeit die meisten Follower auf Instagram bekommt. Lautstark keifen sie sich an. Lisa ruft gerade: «Mit deinen Extensions kriegst du eh keinen ab!», als plötzlich Lehrer Bromm in der Tür steht und beiden eine Ansage macht. Erschrocken von seinem plötzlichen Auftreten, legen die beiden Mädels ihren Streit bei. Auch die anderen Mitschülerinnen sind verstummt und ein wenig verschämt, weil sie mitten beim Umziehen sind.

Durfte Herr Bromm die Mädchenumkleide als Mann überhaupt betreten?

Die Gesetzeslage

Tatsächlich dürfte der Lehrer in einem solchen Fall noch nicht in die Umkleide der Mädchen gehen. Die Schülerinnen haben ein Recht auf die Wahrung ihrer Intimsphäre. Der Lehrer darf nur in absoluten Ausnahmefällen die Umkleide betreten. Dies ist etwa dann der Fall, wenn eine der Schülerinnen ein erhebliches gesundheitliches Problem hat oder ein sonstiger Notfall vorliegt. Auch bei einer Schlägerei muss ein Lehrer natürlich schützend eingreifen können – ein kleiner verbaler Streit genügt jedoch nicht, um die Umkleide betreten zu dürfen.

Wenn alle Schülerinnen allerdings bereits angezogen und einverstanden sind, dürfte ein Betreten der Umkleide in Ordnung gehen.

Für Lehrer ist es sicher kein Zuckerschlecken, eine Bande von fast 30 Schülern unter Kontrolle zu halten – gerade im Sportunterricht. Oft gehen die dort ausgefochtenen Streitereien in der Umkleide weiter. Lehrer müssen dann auf der einen Seite ihrer Aufsichtspflicht nachkommen, also darauf achten, dass niemandem etwas passiert, aber auf der anderen Seite auch besonderes Fingerspitzengefühl beweisen, wenn sie die Umkleide des anderen Geschlechts betreten wollen. Für die Lehrer ist es sicherlich nicht immer einfach, in solchen Situationen angemessen zu handeln. Bevor du also dem Lehrer wegen der Verletzung der Intimsphäre Vorwürfe machst, solltest du das mitbedenken und ihn nicht leichtfertig an den Pranger stellen.

für SCHLAUMEIER

Art. 2 I GG i. V. m. Art. 1 GG

Das Allgemeine Persönlichkeitsrecht umfasst die Intimsphäre, die innere Gedanken- und Gefühlswelt und den Sexualbereich.

DÜRFEN LEHRER EINEM DAS HANDY WEGNEHMEN UND EINBEHALTEN?

Der Fall

Marvin folgt schon lange seinem Lieblings-TikToker Nathan. Leider ist er vor der Schule nicht dazu gekommen, sein neuestes Video anzusehen. Aber da ihn Mathe sowieso noch nie sonderlich interessiert hat, beschließt er kurzerhand, sein Handy aus der Tasche zu holen, um Nathans Video heimlich unter dem Tisch anzusehen. Hierbei stellt er sich jedoch so ungeschickt an, dass ihm das Smartphone aus der Hand gleitet und im Gang zwischen den Tischen landet, was dem Lehrer natürlich nicht entgeht. Herr Bastian ist darüber alles andere als erfreut, nimmt das Handy an sich und erklärt Marvin, dass er es sich am Montag gerne wieder abholen könne. Marvin ist entsetzt. Wie soll er bloß drei Tage ohne Handy klarkommen?

Darf Herr Bastian überhaupt das Handy einbehalten? Und wenn ja, wie lange?

Die Gesetzeslage

Tatsächlich ist das Einkassieren von Handys nicht gänzlich unproblematisch. Immerhin handelt es sich in der Regel um das Eigentum des Schülers. Einige Schulgesetze der Bundesländer sehen daher ganz konkret vor, dass der Lehrer das Handy zum «Zwecke der Aufrechterhaltung eines geordneten Unterrichts» an sich nehmen darf. Das Handy einzukassieren, ist also in Ordnung, sofern damit Störungen unterbunden werden sollen.

Streit entsteht aber dann häufig darüber, für wie lange der Lehrer das Handy einbehalten darf. In den Schulgesetzen steht in dieser Hinsicht meist nur «vorübergehend». Sicherlich dürfte davon zumindest das Ende der Stunde gedeckt sein, denn ansonsten könnte der Schüler den Unterricht weiter stören. Tatsächlich haben sich bereits Gerichte mit der Frage beschäftigt, was «vorübergehend» heißen soll. Das Ergebnis: Haben Lehrer ein Handy über das Wochenende einkassiert, wurde das als unverhältnismäßig angesehen. Einige Gerichte sahen sogar schon ein Problem darin, wenn der Lehrer das Handy erst am nächsten Morgen zurückgegeben hat: Dies kann nämlich unter Umständen zu Problemen führen, wenn der Schüler z.B. nach der Schule mit den Eltern kommunizieren muss, weil er keine Busverbindung nach Hause nehmen kann.

Zwar können Lehrer das Handy einkassieren, sollten es aber nicht länger als bis zum Ende des Schultages einbehalten und dem Schüler vor allem mitteilen, wo er sich das Gerät wieder abholen kann. Ansonsten ist die Verhältnismäßigkeit nicht gewahrt. Im Regelfall genügt das Einbehalten bis zum Ende der Stunde. Dies vereinfacht auch die Rückgabe.

Ansonsten laufen Lehrer und Schule Gefahr, eine berechtigte Beschwerde der Eltern oder gar Post vom Anwalt zu erhalten.

für SCHLAUMEIER

Exemplarisch (da es in jedem Bundesland eigene Schulgesetze gibt):

Art. 56 V S. 3 BayEUG Rechte und Pflichten

Bei Zuwiderhandlung kann ein Mobiltelefon oder ein sonstiges digitales Speichermedium vorübergehend einbehalten werden.

Der Fall

Jeden Moment müsste es doch eigentlich schellen, denkt sich Son und schaut nervös auf die Uhr. Direkt nach der Stunde will er nämlich seiner Freundin Paula von seinem neuen Crush erzählen. Endlich! 9.30 Uhr! Und schon ertönt auch der Gong. Son springt direkt auf, greift seine Tasche und packt seine Freundin an der Hand.

«Halt!», ruft Herr Kappe, der Klassenlehrer. «Wir machen diese Aufgabe noch zu Ende. Ihr bleibt alle auf euren Plätzen, bis wir fertig sind. Euer Problem, wenn ihr die ganze Zeit den Unterricht gestört habt.» Gesagt, getan, und erst nach zehn Minuten werden Son und die anderen Schüler in die Freiheit entlassen, sodass Son kaum Zeit hat, Paula alles brühwarm zu erzählen, was gestern Abend passiert ist.

War das Verhalten von Herrn Kappe zulässig?

Die Gesetzeslage

Grundsätzlich dient die Schulpause der Erholung der Schüler. Sie sollen etwa die Möglichkeit haben, etwas zu essen oder zu trinken, um sich für die nächsten Stunden zu stärken. Es ist Lehrern jedoch nicht per se verboten, den Unterricht im Einzelfall in die Pausenzeit hinein zu verlängern. Sollte eine Aufgabe noch beendet werden müssen oder ein bis zwei Detailfragen zu klären sein, darf auch mal die eine oder andere Minute überzogen werden. Dies sollte jedoch eher die Ausnahme als die Regel sein. Was verboten ist: den Unterricht kollektiv als Strafmaßnahme für alle Schüler zu verlängern, wenn einzelne Schüler den Unterricht gestört haben. Wichtig ist vor allem auch, dass die Schüler genügend Zeit haben, die nächste Unterrichtseinheit vorzubereiten oder beispielsweise den Klassenraum zu wechseln.

Verlass nicht einfach den Klassenraum, sobald der Gong ertönt – sonst verscherzt du es dir gleich mit den Lehrern. Dennoch kannst du sie höflich darauf hinweisen, dass du ggf. einen Klassenraum wechseln musst und Zeit benötigst, um den nächsten Unterrichtsraum rechtzeitig zu erreichen oder etwas zu essen. Auch wenn ein Lehrer regelmäßig überzieht, kannst du ihn höflich darauf hinweisen und darum bitten, eure Pausenzeiten zu respektieren. Wenn das nichts bringt, wende dich an den Vertrauenslehrer.

für SCHLAUMEIER

Konkrete Gesetze, die diese Angelegenheit regeln, existieren nicht. Zwar hat der Lehrer für einen störungsfreien Unterrichtsablauf zu sorgen und dafür, dass der Stoff vermittelt wird, jedoch gilt dies nicht über den Unterricht hinaus. Vielmehr braucht der Lehrer eine Rechtfertigung, wenn er die Schüler unverhältnismäßig lang in der Klasse behalten möchte.

Der Fall

«Oh Mann, hätte ich bloß nicht so viel getrunken», denkt Jenny, als sie auf die Uhr schaut. Erst in 23 Minuten und 43 Sekunden beginnt die Pause, und Herr Pachula ist bekannt dafür, gerne mal zu überziehen. «Hey Kati, ich mache mir gleich in die Hose!», zischt sie ihrer Nachbarin zu. «Dann sag das Herrn Pachula und frag, ob du auf Toilette kannst.» Jenny nimmt all ihren Mut zusammen und meldet sich: «Herr Pachula, darf ich auf Toilette?!» Dabei versucht sie, möglichst verzweifelt dreinzublicken. «Das hättest du in der großen Pause erledigen können! Jetzt kannst du warten, bis der Unterricht zu Ende ist», lehnt Herr Pachula Jennys Bitte ab.

Tatsächlich schafft es Jenny bis zum Ende der Stunde durchzuhalten, kann sich aber nicht wirklich auf den Unterricht konzentrieren und hat am Ende sogar leichte Schmerzen.

Hätte Herr Pachula Jenny auf Toilette gehen lassen müssen?

Die Gesetzeslage

Der Toilettenbesuch der Schüler ist wohl die am kontroversesten diskutierte Frage im Bereich der Schulgesetze. Häufig vermuten Lehrer andere Motive als ein dringendes körperliches Bedürfnis hinter der Frage, ob man auf Toilette darf – und liegen damit so manches Mal gar nicht falsch. Dennoch ist die Rechtslage eindeutiger, als man vermuten mag: Der Toilettenbesuch ist tatsächlich ein Menschen- und Grundrecht. Es ist ein elementares Recht, ungehindert seine Notdurft, wie es so schön heißt, verrichten zu dürfen. Dieses Recht haben auch und vor allem Kinder oder Jugendliche. Treten körperliche Beschwerden auf oder passiert tatsächlich ein Malheur, dann könnten sogar Straftatbestände erfüllt sein (s. u.).

Lehrer sollten tunlichst darauf bedacht sein, den Schülern nicht leichtfertig andere Motive als das «Müssen» für den Toilettenbesuch zu unterstellen. Neben disziplinarrechtlichen Konsequenzen drohen ihnen nämlich Strafanzeigen wegen Körperverletzung im Amt, Nötigung oder Verletzung der Fürsorge- und Erziehungspflicht. Im Zweifel sollten sie den Schüler also gehen lassen. Nutzt ein Schüler das jedoch ziemlich offensichtlich aus, um auf der Toilette beispielsweise Handyspiele zu zocken oder generell den Unterricht zu schwänzen, so kann er ihm auch den Toilettengang verweigern. Das Risiko der Fehleinschätzung liegt zwar beim Lehrer, aber auch der Schüler sollte dieses Recht nicht missbrauchen.

für SCHLAUMEIER

Art. 1 GG

Die Würde des Menschen ist unantastbar. Sie zu achten und zu schützen ist Verpflichtung aller staatlichen Gewalt.

Art. 3 EMRK

Niemand darf der Folter oder unmenschlicher oder erniedrigender Strafe oder Behandlung unterworfen werden.

§ 340 StGB

Körperverletzung im Amt. Ein Amtsträger, der während der Ausübung seines Dienstes oder in Beziehung auf seinen Dienst eine Körperverletzung begeht oder begehen läßt, wird mit Freiheitsstrafe von drei Monaten bis zu fünf Jahren bestraft. In minder schweren Fällen ist die Strafe Freiheitsstrafe bis zu fünf Jahren oder Geldstrafe.

Weitere etwa § 225 StGB, § 171 StGB, § 240 StGB, § 185 StGB.

Der Fall

Not macht erfinderisch. Und da Jamoo dank einschlägiger Schulordnungen sein Handy nicht mehr im Unterricht benutzen kann, beschließt er kurzerhand, seiner angebeteten Klassenkameradin Addisona einen Liebesbrief zu schreiben. Gar wunderschöne Zeilen kritzelt er hastig auf eine DIN-A4-Seite und versieht diese, nachdem er sie gefaltet hat, mit einem großen roten Herz. Jetzt nur noch zielen und den passenden Moment abwarten. Gerade steht Herr Bartmann zur Tafel gewandt. Jetzt wäre der richtige Moment. Uunnd los! «Ha!» Jamoo zuckt zusammen. Triumphierend hält Herr Bartmann den Brief in den Händen. «Hast wohl gedacht, ich hätte das nicht bemerkt, Jamoo», grinst Herr Bartmann. «Mal sehen, was hier steht: Oh Addisona, ich möchte mit dir trinken Caprisona!» Herr Bartmann muss prusten, und schallendes Gelächter hallt durch den Klassenraum, während Jamoo und Addisona mit gesenkten Köpfen auf die Tische vor sich starren.

Aber durfte Herr Bartmann diesen gefalteten Brief eigentlich an sich nehmen und ihn dann laut vorlesen?

Die Gesetzeslage

Man muss sich hier ganz genau beide Handlungen ansehen: Herr Bartmann durfte durchaus das Briefchen abfangen und zunächst einkassieren. Eine solche Unterrichtsstörung muss er nicht hinnehmen. Schließlich sollen sich Jamoo und Addisona auf den Unterricht konzentrieren, und auch andere Schüler könnten dadurch abgelenkt werden, dass lauter Briefchen durch die Klasse flattern.

Anders sieht es hingegen aus, was das Vorlesen des Briefes betrifft. Dies ist nicht notwendig, um die Störung zu beseitigen, sondern stellt letztlich nur eine Entwürdigung der Beteiligten dar. Hierdurch greift der Lehrer in unzulässiger Weise in die Privat- oder sogar Intimsphäre des Schülers ein. Einige Juristen sind darüber hinaus der Auffassung, dass auch ein solcher Brief generell dem Briefgeheimnis unterliegt und ein Vorlesen dieses Briefgeheimnis verletzen könnte. In jedem Fall handelt der Lehrer damit rechtswidrig.

Der Brief muss Jamoo übrigens nach der Stunde wieder ausgehändigt werden.

Lehrer sollten darauf achten, die Allgemeinen Persönlichkeitsrechte ihrer Schüler nicht zu verletzen und Augenmaß bei der Unterbindung der Störungen walten zu lassen.

Gerade das Selbstbewusstsein von Kindern und Jugendlichen ist häufig noch nicht ausgeprägt genug, um solchen Persönlichkeitsrechtsverletzungen mit souveräner Selbstbehauptung standzuhalten.

für SCHLAUMEIER

Art. 2 I i. V. m. Art. 1 I GG Allgemeines Persönlichkeitsrecht

Jeder Mensch hat die Möglichkeit zur persönlichen Lebensführung sowie Entwicklung und Wahrung seiner persönlichen Individualität.

Art. 10 GG

Das Briefgeheimnis sowie das Post- und Fernmeldegeheimnis sind unverletzlich.

Der Fall

Statt dem Unterricht zu folgen, geht Paulo mal wieder seiner Lieblingsbeschäftigung nach. Kurzerhand knöpft er sich den obersten Hemdkragen zu, setzt sich eine Brille auf und imitiert einen typischen Alman-Vater. Das bringt natürlich Lehrer Marschek auf die Palme, und da es bereits das dritte Mal in dieser Stunde ist, dass Paulo Quatsch macht, platzt ihm endgültig der Kragen. Wutentbrannt tritt er an den Arbeitsplatz von Paulo heran, schlägt wuchtig auf den Tisch und brüllt: «Jetzt reicht es, du Nichtsnutz! Wenn du noch einmal den Unterricht störst, dann kannst du dir 'ne 6 abholen.» Paulo ist völlig erschrocken. Mit so einer Reaktion hatte er nicht gerechnet. «Wer hat denn hier Zwiebeln geschnitten?», raunt jemand aus dem hinteren Teil der Klasse. Und tatsächlich. Paulo kommen die Tränen. Dies hält Herr Marschek aber nicht davon ab, ihn weiter anzuschreien und vor der Klasse als «Tunichtgut, Affe und Versager» zu bezeichnen, sodass Paulo endgültig in Tränen ausbricht.

Darf Herr Marschek Paulo derart niedermachen?

Die Gesetzeslage

Natürlich soll ein Lehrer dafür sorgen, dass der Unterricht ohne Störungen über die Bühne geht. Daher darf er sich auch mal durch das Heben seiner Stimme Respekt verschaffen. Auch ein Brüllen ist in der einen oder anderen Situation angebracht.

Dies ist jedoch zu trennen von einer Einschüchterungssituation, in der der Lehrer über einen längeren Zeitraum die Beherrschung verliert und den Schüler vor den Augen seiner Klassenkameraden bloßstellt. Dies dient nicht der Aufrechterhaltung des

Unterrichtsklimas, sondern stellt eine Verletzung des Persönlichkeitsrechts des Schülers dar. Sollte sich der Lehrer, wie in unserem Beispiel, sogar zu Äußerungen wie «Affe» hinreißen lassen, steht der Vorwurf der Beleidigung im Raum.

Du solltest das Gespräch mit dem Vertrauenslehrer suchen, wenn ein Lehrer immer wieder ausfällig wird und in derartiger Manier einzelne Schüler fertigmacht. Sollte sich dessen Verhalten nicht bessern, kannst du auch mit dem Schulleiter sprechen, damit dieser korrigierend eingreift. Beleidigungen und Demütigungen muss sich in Deutschland kein Schüler gefallen lassen.

für SCHLAUMEIER

§ 185 StGB Beleidigung

Die Beleidigung wird mit Freiheitsstrafe bis zu einem Jahr oder mit Geldstrafe bestraft und, wenn die Beleidigung mittels einer Tätlichkeit begangen wird, mit Freiheitsstrafe bis zu zwei Jahren oder mit Geldstrafe.

Art. 1 GG i. V. m. Art. 2 GG Allgemeines Persönlichkeitsrecht.

Der Fall

Nervös kaut Falco an dem Buchrücken seines Mathematikbuchs. Gleich wird Herr Gracioso die Noten für das diesjährige Halbjahr verkünden. Hätte er doch ein bisschen mehr *Mathe by Daniel Jung* auf YouTube geschaut. Zu allem Überfluss liest Herr Gracioso jetzt auch noch vor der ganzen Klasse die Namen vor. Gleich bin ich an der Reihe, denkt sich Falco. «Tja Falco! Das war wohl dieses Jahr nichts! Ich muss dir leider eine 5+ geben.»

Ein hämisches Kichern rechts und links neben ihm. «Oh Mann. Wie peinlich. Meine erste 5 auf dem Zeugnis.» Falco läuft direkt rot an und senkt den Kopf. Irgendwie macht es ihn aber auch wütend, dass Herr Gracioso ihn vor der ganzen Klasse demütigt. Gibt es nicht so etwas wie Datenschutz?

Wie ist es: Darf Herr Gracioso Falco so vor der gesamten Klasse blamieren und die Noten vorlesen?

Die Gesetzeslage

Es ist tatsächlich verrückt, denn das Thema Datenschutz ist zwar mittlerweile in aller Munde, scheint jedoch in den Schulen in vielen Fällen noch nicht ganz angekommen zu sein. Bei dem Vorlesen der Noten sind viele Juristen der Meinung, dass es sich um eine Datenübermittlung handelt.

Eine Datenübermittlung vor zahlreichen Mitschülern bedarf einer juristischen Basis, damit sie in Ordnung geht. Eine solche juristische Basis existiert jedoch nicht.

In den Schulgesetzen einiger Bundesländer heißt es sogar umgekehrt ausdrücklich: Nur Eltern und Schüler sind berechtigt, Auskunft über die sie betreffenden Daten, also auch Noten, zu erhalten. Somit kann nur mit Einwilligung des entsprechenden Schülers oder dessen Sorgeberechtigten ein Notenvorlesen vor der ganzen Klasse erfolgen. Ansonsten verletzt der Lehrer sowohl den Datenschutz und ggf. sogar das Allgemeine Persönlichkeitsrecht des Schülers.

Lehrer sollten darauf verzichten, die Noten eines Schülers vor der Klasse ohne dessen Einverständnis auszubreiten. Nicht nur, dass sich Datenschutzproblematiken stellen, es kann darüber hinaus auch das Allgemeine Persönlichkeitsrecht des Schülers verletzt werden, was wiederum die Grundlage für eine Unterlassungsverfügung oder Klage des Schülers sein kann. Generell ist es auch ein Zeichen des Respekts, den Schüler zu fragen, ob man seine Note vor der gesamten Klasse nennen darf oder nicht. Das sagt einem eigentlich schon der gesunde Menschenverstand.

Bist du als Schüler hiervon selbst betroffen, dann sage klar und deutlich, was du nicht willst. Wenn sich der Lehrer immer noch nicht daran hält, dann sprich unbedingt mit deinem Vertrauenslehrer oder deinen Eltern.

für SCHLAU-MEIER

Exemplarisch (da es in jedem Bundesland eigene Schulgesetze gibt):

§ 120 IX SchulG NRW

Nur Eltern sowie die Schülerinnen und Schüler sind berechtigt, Einsicht in die sie betreffenden Unterlagen zu nehmen und Auskunft über die sie betreffenden Daten und die Stellen zu erhalten, an die Daten übermittelt worden sind. Das Recht auf Einsichtnahme umfasst auch das Recht zur Anfertigung oder Aushändigung von Kopien.

Dürfen Lehrer das Trinken im Unterricht verbieten?

Der Fall

Der Sportunterricht bei Lehrer Shred war mal wieder extrem anstrengend. Zu allem Überfluss hatte Jule ihre Sprudelflasche in der Klasse vergessen und konnte vor Beginn des Matheunterrichts nichts mehr trinken.

«Na ja, einen kleinen Schluck trinken werde ich ja wohl nach der Anstrengung dürfen», denkt sie sich und nimmt kurzerhand einen Zug aus der Flasche. Sehr zum Missfallen von Lehrer Jamal, der Jule anherrscht und sie auffordert, die Flasche sofort wieder einzupacken.

«Trinken kannst du ja wohl in der Pause! Dafür ist genug Zeit», meckert er.

Darf Herr Jamal Jule wirklich das Trinken verbieten?

Die Gesetzeslage

Die Lieblingsantwort der Juristen lautet ja bekanntlich: «Es kommt drauf an», und so ist es auch hier. Denn es ist von der individuellen Schulordnung oder dem individuellen Lehrer abhängig, ob die Schüler Getränke im Unterricht zu sich nehmen dürfen oder nicht.

Natürlich könnte man argumentieren, dass durch eine mangelnde Flüssigkeitszufuhr körperliche Nachteile, wie etwa Kopfschmerzen, entstehen könnten. Diese sind jedoch in den meisten Fällen nicht unmittelbar konkret genug. Ein Lehrer, der den Schülern das Trinken verbietet, handelt also, sofern dies von der Schulordnung gedeckt ist, in den allermeisten Fällen rechtmäßig. Eine Ausnahme liegt nur dann vor, wenn die Gesundheit des Schülers durch das Trinkverbot gefährdet wird.

Lehrer und Schüler sollten bereits zu Anfang des Schuljahres die Klassenregeln miteinander besprechen. Der Lehrer kann die Schüler auch explizit vor dem Unterricht darauf hinweisen, dass jetzt noch einmal die Gelegenheit besteht, etwas zu trinken. So lassen sich gleichzeitig störende Geräusche und das ein oder andere Malheur im Unterricht vermeiden. Gegebenenfalls kann man sich auch darauf verständigen, dass nur Getränke aus festen Behältnissen getrunken werden, um Geräusche zu vermeiden. Dem Ideenreichtum sind hier wenig Grenzen gesetzt. Insgesamt ist das ein Fall, der sich durch gute Kommunikation zu einem gerechten Ausgleich bringen lässt – für alle Beteiligten.

für SCHLAUMEIER

Sofern die mangelnde Flüssigkeitszufuhr nicht zu einer echten Gesundheitsgefährdung führt, dürfte hier eine Körperverletzung nach § 223 StGB oder Körperverletzung im Amt nach § 340 StGB nicht in Betracht kommen.

Der Fall

Leonie und ihre Mutter schauen sich eines Abends im Fernsehen eine Dokumentation über Menschen an, die ihr Leben in Deutschland hinter sich lassen wollen und deshalb ins Ausland ziehen. Dabei wird eine Familie begleitet, die mit ihren drei Kindern auswandert. Die Kinder sind zwischen acht und 16 Jahre alt. Nach einem Monat werden die Kinder gefragt, was ihnen am meisten in der neuen Heimat gefalle. Daraufhin antworten alle drei wie aus der Pistole geschossen: «Dass wir nie wieder früh aufstehen müssen, weil wir nicht mehr zur Schule müssen!» Daraufhin berichten die Eltern, dass sie sich dazu entschieden haben, ihre Kinder zu Hause selbst zu unterrichten.

Da Leonie eine begeisterte Langschläferin ist, fragt sie sich: Könnte sie nicht auch von ihren Eltern unterrichtet werden?

Die Gesetzeslage

Es tut mir zwar in der Seele weh, das sagen zu müssen, aber dagegen spricht die in Deutschland geltende Schulpflicht. Diese ist in den jeweiligen Schulgesetzen der Bundesländer geregelt. Warum gibt es eine solche Pflicht? Weil jeder ein Recht auf Bildung hat.

Aufgrund der Schulpflicht muss jedes Kind bis zu einem bestimmten Alter zur Schule gehen, ob es nun will oder nicht. Wann und wie lange man zur Schule gehen muss, ist von den Bundesländern individuell im Schulgesetz geregelt. Meist müssen Kinder 12 Jahre zur Schule gehen. Dabei müssen die Grundschule und eine weiterführende Schule besucht werden. Falls man vorzeitig die Schule verlassen möchte, um eine Ausbildung zu machen, so wird die Schulpflicht vom Besuch der Berufsschule abgedeckt.

Wenn man unentschuldigt in der Schule fehlt, stellt dies einen Verstoß gegen die Schulpflicht dar. Diese kann je nach Bundesland mit Sanktionen wie Bußgeldern für die Eltern geahndet werden.

Falls Leonies Eltern nicht in ein Land auswandern möchten, in welchem Hausunterricht rechtlich erlaubt ist, muss sie also wohl weiterhin morgens früh aufstehen und zur Schule gehen.

Eine etwaige Geldbuße ist in den meisten Fällen von den Eltern zu bezahlen. Es kann jedoch auch gesetzlich geregelt sein, dass dem schulpflichtigen Kind die Geldbuße auferlegt wird. Schau dafür einmal in dem Schulgesetz deines Bundeslandes nach, vermutlich wirst du unter dem Punkt «Ordnungswidrigkeiten» fündig.

für SCHLAUMEIER

Art. 26 Allgemeine Erklärung der Menschenrechte

Jeder hat das Recht auf Bildung. Die Bildung ist unentgeltlich, zumindest der Grundschulunterricht und die grundlegende Bildung. Der Grundschulunterricht ist obligatorisch. Fach- und Berufsschulunterricht müssen allgemein verfügbar gemacht werden, und der Hochschulunterricht muss allen gleichermaßen entsprechend ihren Fähigkeiten offenstehen.

SHOPPING

Je älter wir werden, desto mehr kommen wir mit den Themen Geld und Handel in Berührung. Die ersten Einkäufe tätigt man häufig noch am Kiosk und kauft sich eine gemischte Tüte. Später steigt das Taschengeld, oder man geht einem Nebenjob nach, wo man sich die ein oder andere Dublone verdient. Mit der dann gefüllten Spardose wachsen auch die eigenen Ansprüche. Ein neues Handy, Kosmetik oder ein Haufen Klamotten wechseln den Eigentümer. Doch nicht selten tauchen hierbei Probleme auf: Der neue Pulli hat ein Brandloch, oder das bei eBay-Kleinanzeigen erstandene iPhone kommt nie an. Plötzlich muss man sich mit seinen Rechten auseinandersetzen, sonst ist das Geld futsch.

In diesem Kapitel wollen wir uns genau diesen Themen widmen.

Kann ich bei mangelhafter Ware ein Neugerät verlangen?

Der Fall

Beschwerdinand ist sauer. Erst vor kurzem hat er bei Jupiter das Einsteiger-Modell eines Smart-TV für 489 Euro erworben. Doch die Freude über die gestochen scharfe Bildqualität währte nur kurz: Bereits nach vier Monaten fängt das Display aufgrund eines Herstellerdefekts, so vermutet er, an zu flackern. Kurzerhand nimmt Beschwerdinand den Fernseher unter den Arm und stapft wutentbrannt in den Elektrofachmarkt. Dort wird seine Vermutung bestätigt, dass es sich um einen Herstellerdefekt handelt.

Der Jupiter-Mitarbeiter erklärt dem aufgebrachten Beschwerdinand, dass man den Fernseher zur Reparatur einschicken müsse. Er würde ihn wohl innerhalb von fünf Wochen zurückerhalten. Beschwerdinand ist nun auf 180, da morgen die Fußball-Weltmeisterschaft anfängt und er sie dann weitgehend verpassen würde, da er sein altes Gerät schon bei eBay verkauft hat.

Muss sich Beschwerdinand auf eine Reparatur einlassen, oder kann er auf ein neues Gerät bestehen?

Die Gesetzeslage

Tatsächlich kann Beschwerdinand in aller Regel die Lieferung oder Aushändigung eines neuen Smart-TVs verlangen, sofern der Jupiter-Markt ein solches Gerät auf Lager hat.

Auf eine Reparatur muss er sich grundsätzlich nicht einlassen.

Zwar hat der Verkäufer ein Recht auf ein sogenanntes Zweites Andienen, d. h., Beschwerdinand könnte nicht einfach sein Geld zurückverlangen, sondern muss dem Markt die Chance geben, Ersatz zu beschaffen oder das Gerät zu reparieren. Jedoch ist er berechtigt, frei zu wählen, ob das Gerät repariert werden soll oder er einen neuen, mangelfreien Fernseher bekommt.

Beschwerdinand kann also vom Jupiter-Markt auch ein Neugerät verlangen. Der Verkäufer könnte das nur ablehnen, wenn ein solches Gerät nicht mehr vorhanden ist oder die Bereitstellung eines Neugerätes mit unverhältnismäßig hohen Kosten verbunden wäre, was bei einem sehr teuren TV-Gerät durchaus mal der Fall sein kann.

Im vorliegenden Fall spricht jedoch nichts hierfür. Beschwerdinand hat also gute Chancen, die WM mit einem neuen Gerät zu schauen.

Es hat sich mittlerweile die Unsitte verbreitet, dass Fachmärkte pauschal behaupten, sie seien immer zu einer Reparatur berechtigt. Verbraucher sollten sich nicht auf dieses Spiel einlassen und stattdessen auf ein Neugerät bestehen. Auch der Verweis des Verkäufers auf eine Garantiebedingung hilft nicht weiter, da dies nur eine zusätzliche Absicherung des Verbrauchers darstellt.

für SCHLAUMEIER

§ 439 I BGB

Der Käufer kann als Nacherfüllung nach seiner Wahl die Beseitigung des Mangels oder die Lieferung einer mangelfreien Sache verlangen.

§ 439 IV S. 1 BGB

Der Verkäufer kann die vom Käufer gewählte Art der Nacherfüllung unbeschadet des § 275 Abs. 2 und 3 verweigern, wenn sie nur mit unverhältnismäßigen Kosten möglich ist.

Der Fall

Svens Portemonnaie ist mal wieder leer. Leider trifft dasselbe auf seine Kaffeedose zu.

Wie gerne hätte er jetzt eine Tasse von Helge-Espresso! Zum Glück fällt ihm ein, dass er ja noch einiges an Klopapiervorräten aus dem letzten Lockdown in seinem Kellerverschlag deponiert hat. Kurzerhand schnappt er sich acht Pakete und macht sich auf dem Weg zum nächsten Supermarkt.

Dort weist man ihn verdutzt ab. Er solle wie gewöhnlich 3,99 in Euro anstatt mit acht Klopapierpaketen zahlen. Sven versteht die Welt nicht mehr. Seine Klorollen haben doch mehr als den doppelten Wert des Kaffees!

Ziemlich klar ist, dass der Verkäufer sich auf dieses Angebot nicht einlassen muss. Aber wäre ein solcher Handel rechtlich möglich?

Die Gesetzeslage

Juristisch gesehen ist die Idee von Sven gar nicht so abwegig, wie sie den Anschein hat.

Zwar werden in den allermeisten Fällen zwischen dem Kunden und dem Unternehmer Kaufverträge geschlossen, sodass die Gegenleistung für die erhaltene Ware in Geld besteht, jedoch ist es prinzipiell auch möglich, einen sogenannten Tauschvertrag zu schließen.

Der Tauschvertrag ähnelt dabei dem Kaufvertrag. Hierbei ist die Gegenleistung für die Ware, die man erhält, nicht Geld, sondern eben eine andere Ware.

Früher war diese Art von Vertrag weit verbreitet. Oft wurden bestimmte Waren mit anderen Waren aufgewogen. Mit der Zeit stieß aber diese Form des Handels an ihre Kapazitätsgrenzen, z. B., wenn man mit Tausenden Äpfeln ein Haus bezahlen wollte. Da der Hausverkäufer keine Verwendung für eine derart große Anzahl an Äpfeln hatte, erfand man ein praktisches Währungsmittel: Geld.

Seitdem verdrängte der Kaufvertrag den Tauschvertrag weitgehend im Wirtschaftsleben, ist aber auch heute noch an manchen Stellen anzutreffen.

Wie du jetzt weißt, wäre es eine ziemlich abwegige Idee, zukünftig seine Kinokarte mit 200 Eiern bezahlen zu wollen. Im städtischen Alltag ist dies keineswegs mehr üblich. Grundsätzlich möglich bleibt es aber dennoch, und nicht selten erkennt der ein oder andere Kleinunternehmer in einer solchen Regelung einen gewissen Charme oder erinnert sich an einen alten Brauch. Auch in eher ländlichen Regionen ist der Tausch eine nicht komplett ausgestorbene Variante des Handels: Ich krieg von dir Kartoffeln, dafür gebe ich dir Eier von meinen Hühnern.

für SCHLAUMEIER

§ 480 BGB Tausch

Auf den Tausch finden die Vorschriften über den Kauf entsprechende Anwendung.

Der Fall

Bao ist frustriert. Sie hatte einen wunderschönen Morgenmantel für ihren Bruder Henry besorgt, mit einem grinsenden Panda und einer lachenden Kuh drauf. Henry fand das Geschenk jedoch nicht halb so cool wie sie und schaute recht emotionslos drein, als sie ihn damit überraschte.

Also stapft Bao jetzt zum Laden, um ihn zurückzugeben.

«Warum gefällt der ihm bloß nicht?! Echt undankbar», schnaubt sie, während sie hastig die Tür des Ladengeschäfts öffnet und direkt die Kasse ansteuert. «Einmal umtauschen, bitte», sagt sie zur Verkäuferin, die sie allerdings nur fragend anblickt und nicht reagiert.

«Hallo, einmal bitte umtauschen?», sagt Bao genervt mit einer Roboterstimme.

«Ist denn etwas mit dem Mantel nicht in Ordnung?», fragt die Verkäuferin.

«Ja, er gefällt Henry, also meinem Bruder, nicht», entgegnet Bao.

«Nun, das ist leider kein Grund, der zum Umtausch berechtigt», antwortet die Verkäuferin. Bao ist empört, hat sie doch immer gedacht, dass man jedes Kleidungsstück zurückgeben kann!

Aber wie ist es? Darf man alles Gekaufte einfach umtauschen, egal aus welchem Grund?

Die Gesetzeslage

Es mag viele Menschen überraschen, aber es gibt im normalen Einzelhandel tatsächlich kein gesetzliches Umtauschrecht. Sofern die gekaufte Sache keine Mängel aufweist, ist der Käufer nicht zum Umtausch berechtigt. Nicht selten sind die Geschäfte trotzdem sehr kulant, wenn es um die Rücknahme und Rückerstattung des Kaufpreises geht. Verpflichtet sind sie dazu aber nicht.

Nicht verwechselt werden darf diese Konstellation jedoch mit den Käufen über Online-Versandhändler. Hier steht den Käufern zumeist ein Widerrufsrecht zu, d. h., sie können nach Prüfung der Ware vom Kauf zurücktreten, um so ihr Geld erstattet zu bekommen. Das liegt daran, dass sie die Ware (im Gegensatz zum Laden) erst dann genau in Augenschein nehmen können, wenn sie bei ihnen zu Hause angekommen ist. Die Möglichkeit des Widerrufs im Internetversandhandel ist ein Mitgrund, warum sich der stationäre Handel angepasst hat und sich in Sachen Umtausch entgegenkommend zeigt.

Obwohl es also keine Umtauschpflicht gibt, lohnt sich der Versuch, das ungeliebte Weihnachtsgeschenk an der Kasse umzutauschen. In vielen Fällen gelingt dies tatsächlich, und man kann dann das Geld anderweitig investieren. Zum Beispiel in einen schöneren Bademantel. Vielleicht dann mit einer Katze als Aufdruck. Miau.

für SCHLAUMEIER

Hast du etwa nicht genau gelesen? Es gibt kein generelles Umtauschrecht. Also gibt es auch keinen Paragraphen dafür!

Der Fall

Immer wenn Vanessa in der Drogerie ist, fühlt sie sich unglaublich inspiriert durch all die tollen Make-up-Produkte. Zuerst muss sie aber durch den Gang mit den Deos hindurch, wo ihr ein Ständer mit der Aufschrift: «Neu – Amor und Psyche» auffällt. Fasziniert vom außergewöhnlichen Design der Verpackung, greift sie nach einem der Deos und öffnet kurzerhand die Kappe, um daran zu schnuppern. Doch leider riecht sie kaum etwas. Könnte sie nicht einfach einmal einen kurzen Sprühstoß auf ihre Handfläche geben, um zu testen, wie es wohl duftet? Verstohlen blickt sie sich um und drückt dann auf den Sprühkopf. «Bah, das riecht ja widerlich», entfährt es ihr und erregt damit die Aufmerksamkeit einer Verkäuferin. Schnell schiebt sie die Kappe wieder auf das Deo und entfernt sich zügig vom Ständer.

Ist Vanessas Unbehagen berechtigt, oder durfte sie das Deo einfach so testen?

Die Gesetzlage

Der Wunsch, ein Produkt auszuprobieren, bevor man es erwirbt, ist verständlich. Man will ja schließlich nicht die Katze im Sack kaufen. Jedoch handelt es sich beim Deo um eine, wie es im Juristendeutsch heißt, «fremde bewegliche Sache». Solange auf der Verpackung nicht die Aufschrift «Tester» angebracht ist, darf dieses Deo vom Kunden nicht einfach so ausprobiert werden. Schließlich wird hierbei ein Teil des Produktes vom potenziellen Kunden verbraucht. Das mag kleinlich und spitzfindig anmuten – entscheidet man sich jedoch nach dem Test gegen den Kauf und stellt die Ware zurück, wird der nächste Kunde nicht sehr erfreut sein, wenn er plötzlich weniger Inhalt in seinem Produkt vorfindet, als auf der Verpackung versprochen wurde. Bei Shampoos ist das z. B. etwas anderes, denn dort kann man den Duft bereits manchmal durch die Öffnung der Flasche wahrnehmen, ohne dabei das Produkt in seiner Menge zu verringern.

Vanessa hätte einfach eine der Verkäuferinnen fragen können, ob sie das Produkt ausprobieren darf. Streng genommen könnte der Ladenbesitzer sie ansonsten auffordern, den Laden zu verlassen. Dass er in solchen Fällen Anspruch auf Schadensersatz hat, ist jedoch aufgrund der geringen Schadenshöhe unwahrscheinlich, und in der Regel berufen sich Ladenbetreiber auch nicht darauf. Zum Kauf ist man jedoch zu keinem Zeitpunkt verpflichtet.

für SCHLAUMEIER

§ 823 BGB Schadensersatzpflicht

Wer vorsätzlich oder fahrlässig das Leben, den Körper, die Gesundheit, die Freiheit, das Eigentum, oder ein sonstiges Recht eines anderen widerrechtlich verletzt, ist dem anderen zum Ersatz des daraus entstehenden Schadens verpflichtet.

§ 303 StGB Sachbeschädigung

Wer rechtswidrig eine fremde Sache beschädigt oder zerstört, wird mit Freiheitsstrafe bis zu zwei Jahren oder Geldstrafe bestraft.

Der Fall

«Lassen Sie sofort meine Tasche los!», kreischt Nika den Verkäufer an. «Sie haben kein Recht dazu.» Wild fuchtelt sie herum, um ihre Tasche zu befreien. «Erst will ich sehen, was drin ist», entgegnet der Verkäufer, der sie im Verdacht hat, eine Speicherkarte in der Tasche zu verbergen, die sie noch nicht bezahlt hat. Er reißt Nika die Tasche aus den Händen und öffnet den Reißverschluss. Außer einem Handy, Taschentüchern, einem kleinen Handspiegel und etwas Puder kann er der Tasche jedoch keinen Inhalt entlocken. «Na gut, Sie dürfen gehen», erklärt er der immer noch aufgebrachten Nika. «Das wird ein Nachspiel haben!», droht sie ihm und stapft wutentbrannt von dannen.

Durfte der Verkäufer Nikas Tasche kontrollieren?

Die Gesetzeslage

Es mag immer noch viele Kaufhausinhaber überraschen, aber ihre Mitarbeiter sind nicht berechtigt, die Taschen ihrer Kunden zu kontrollieren, geschweige denn, den Kunden körperlich zu durchsuchen. Der Geschäftsführer kann zwar das Betreten des Ladens von einer Kontrolle der Tasche abhängig machen, nicht jedoch im Laden oder nach dem Verkaufsvorgang den Kunden rechtmäßig auffordern, den Inhalt seiner Taschen vorzuzeigen. Sofern beispielsweise der Kaufhausdetektiv aber beobachtet haben sollte, wie jemand den Inhalt des Regals in seiner Tasche verschwinden lässt, ist er befugt, die betreffende Person festzuhalten. Mit der Kontrolle des Inhalts muss er aber auf das Eintreffen der Polizei warten: Erst sie darf die Tasche durchsuchen.

Als Kunde musst du nicht deine Privatsphäre aufgeben, um den Ladeninhaber und dessen Verkäufer zufriedenzustellen. Allerdings musst du dich dann auf ein längeres Palaver und den Ruf nach der Polizei einstellen. Sofern du dich im Recht wähnst, kannst du natürlich auch freiwillig den Inhalt der Tasche zeigen. Verpflichtet bist du dazu jedoch nicht.

für SCHLAUMEIER

§ 127 StPO

Wird jemand auf frischer Tat betroffen oder verfolgt, so ist, wenn er der Flucht verdächtig ist oder seine Identität nicht sofort festgestellt werden kann, jedermann befugt, ihn auch ohne richterliche Anordnung vorläufig festzunehmen.

Der Fall

Der kleine Timmy ist sechs Jahre alt und hat großen Hunger. Zum Glück ist nebenan die Dönerbude «Döner macht schöner», und seine Mama hat immer zehn Euro auf der Kommode liegen, «falls mal was ist». Da Timmy sich für alt genug hält, um selbst einkaufen zu gehen, nimmt er sich kurzerhand das Geld und spaziert so leise wie möglich aus der Wohnung. In der Dönerbude angekommen, muss sich der Ladenbesitzer erst einmal über die Theke beugen, um festzustellen, was für einen ungewöhnlichen Kunden er vor sich hat, denkt sich aber nichts weiter dabei. Timmy bestellt kurzerhand einen Kinderdöner, nimmt das Wechselgeld und stolziert damit schnurstracks in Richtung Wohnung, wo ihn seine aufgebrachte Mutter Doreen schon schimpfend empfängt.

Durfte Timmy der Döner überhaupt verkauft werden?

Die Gesetzeslage

Kinder unter sieben Jahren sind laut Bürgerlichem Gesetzbuch geschäftsunfähig. Der Gesetzgeber geht davon aus, dass Kinder in diesem Alter die Tragweite ihres Handelns noch nicht überblicken und damit besonders geschützt werden müssen. Daher können sie eigenständig keine Verträge abschließen und somit auch keinen Döner erwerben.

Etwas anderes würde gelten, wenn Mutter Doreen Timmy mit einem Zettel mit einer klaren Bestellung losgeschickt hätte. Dann handelt er nicht für sich, sondern als Bote der Mutter. Es gilt die Faustregel: Ist der Timmy noch so klein, so kann er doch schon Bote sein.

Sofern Timmy das siebte Lebensjahr erreicht, ist er beschränkt geschäftsfähig und kann auch für sich Dinge erwerben. Er bräuchte für den Kauf von Waren jedoch die Erlaubnis seiner Eltern. Sie könnten ein Geschäft aber auch nachträglich genehmigen.

Eine Ausnahme von der Zustimmungspflicht bildet der Taschengeldparagraph. Von den beispielsweise zehn Euro, die eine Familie ihrem Kind monatlich zur Verfügung stellt, darf der 7-Jährige grundsätzlich erst einmal kaufen, was er möchte, sofern die Eltern ihm nicht ausdrücklich den Kauf von bestimmten Dingen verboten haben und er sich nicht verschuldet. Er muss das, was er kauft, auch von seinem Taschengeld bezahlen können.

Zwar gibt es kein Recht auf Taschengeld, aber Eltern sollten ihren Kindern früh den verantwortungsvollen Umgang mit Geld beibringen und ihnen möglichst auch erlauben, in einem gewissen Maß frei über ihr Geld zu verfügen. Nur so lernen Kinder, verantwortungsvoll mit Geld umzugehen und den Wert von Dingen zu schätzen. Empfehlungen zur Höhe des Taschengeldes gibt z. B. das Familienportal des Bundes (www.familienportal.de). Es kommt aber natürlich immer auf die individuellen Lebensverhältnisse an.

für SCHLAUMEIER

§ 106 BGB

Ein Minderjähriger, der das siebente Lebensjahr vollendet hat, ist nach Maßgabe der §§ 107 bis 113 in der Geschäftsfähigkeit beschränkt.

§ 108 BGB

Schließt der Minderjährige einen Vertrag ohne die erforderliche Einwilligung des gesetzlichen Vertreters, so hängt die Wirksamkeit des Vertrags von der Genehmigung des Vertreters ab.

§ 110 BGB

Ein von dem Minderjährigen ohne Zustimmung des gesetzlichen Vertreters geschlossener Vertrag gilt als von Anfang an wirksam, wenn der Minderjährige die vertragsmäßige Leistung mit Mitteln bewirkt, die ihm zu diesem Zweck oder zu freier Verfügung von dem Vertreter oder mit dessen Zustimmung von einem Dritten überlassen worden sind.

Der Fall

Endlich Wochenende. Der 15-jährige Finn freut sich schon lange auf ausgedehnte Zockabende vor seiner Playstation 5. Damit er das Wochenende auch richtig gut nutzen kann, hat er sich überlegt, dass er sich am besten mit vier Tikboost Energy Drinks eindeckt. Als er jedoch damit an der Kasse steht, schüttelt die Kassiererin plötzlich den Kopf: «Kein Verkauf an unter 18-Jährige.» Finn versteht die Welt nicht mehr und trottet enttäuscht von dannen. Auf dem Heimweg macht er erst mal eine Story und fragt seine Follower: Dürfen die mir das eigentlich verweigern?

Die Gesetzeslage

Auch wenn es immer wieder anders berichtet wird: Es existiert in Deutschland kein gesetzliches Verbot, Energy Drinks an Minderjährige abzugeben. Zwar war dies immer wieder mal Gegenstand einer politischen Debatte. Wirklich durchgesetzt hat sich eine Gesetzesvorlage aber zu keiner Zeit.

Dies ändert jedoch nichts daran, dass die Geschäftsinhaber sich selbst dazu verpflichten können, keine Energy Drinks an Minderjährige abzugeben. Sofern der Geschäftsführer seine Angestellten also anweist, Energy Drinks nur an über 18-Jährige zu verkaufen, haben Jugendliche schlechte Karten. Sie können dann aber theoretisch die Energy Drinks auch woanders erwerben.

Es dürfte sich relativ schnell feststellen lassen, wo man die süßen Koffeinbomben erhält, selbst wenn man unter 18 ist. Achte aber darauf, die Dinger nicht übermäßig oder zu spät abends zu konsumieren. Und bedenke: Wer rechtzeitig pennen geht, kann auch sehr früh und ausgeruht wieder zocken. Und das verbessert das Aiming allemal!

für SCHLAU-MEIER

Da kein gesetzliches Verbot existiert, kann es dafür auch keinen Paragraphen geben. Logisch, oder?

Der Fall

Seit einiger Zeit ist Marcia 14 und kleidet sich immer häufiger im Hosenanzug. Ihr gefällt der Gedanke, einmal eine richtige Geschäftsfrau zu sein. Nur das Sparschwein auf der Fensterbank passt nicht zu dieser Rolle. Eine richtige Geschäftsfrau benötigt eigentlich auch ein richtiges Konto. Dort könnte sie dann ihre Gelder verwalten und irgendwann so richtig durchstarten. Aber darf Marcia mit 14 überhaupt schon ein Konto haben?

Die Gesetzeslage

Grundsätzlich sind Minderjährige – ich erwähnte es weiter oben schon einmal – ab dem siebten Lebensjahr beschränkt geschäftsfähig. Das bedeutet, dass Marcia mit Zustimmung der Eltern theoretisch auch ein Konto bei einer Bank eröffnen könnte. Der Antrag muss von den Sorgeberechtigten unterschrieben werden.

Es gibt jedoch große Unterschiede zwischen den einzelnen Anbietern: Viele Banken ermöglichen die Eröffnung eines Kontos erst ab 12 bzw. 14 Jahren, andere hingegen schon ab sieben Jahren. Auch eine Prepaid Mastercard wird häufig erst ab 12 Jahren ausgehändigt.

Du solltest vor einer Kontoeröffnung unbedingt die unterschiedlichen Angebote der verschiedenen Banken einholen und bedenken, dass die Wahl des ersten Kontos sehr prägend ist. Die allermeisten bleiben dann nämlich als junge Erwachsene bei ihrer bisherigen Bank und wickeln auch später im Alter ihre Geschäfte darüber ab. Lass dir dabei also ruhig von deinen Eltern helfen.

Ich finde ein Taschengeldkonto für Schüler eine gute Sache: So lernt man früh, sich zu organisieren, und erfährt etwas über einfachste Buchhaltung (Online-Kontoauszüge).

für SCHLAU-MEIER

§ 106 BGB

Ein Minderjähriger, der das siebente Lebensjahr vollendet hat, ist nach Maßgabe der §§ 107 bis 113 in der Geschäftsfähigkeit beschränkt.

§ 108 BGB

Schließt der Minderjährige einen Vertrag ohne die erforderliche Einwilligung des gesetzlichen Vertreters, so hängt die Wirksamkeit des Vertrags von der Genehmigung des Vertreters ab.

§ 675 BGB

(1) Auf einen Dienstvertrag oder einen Werkvertrag, der eine Geschäftsbesorgung zum Gegenstand hat, finden, soweit in diesem Untertitel nichts Abweichendes bestimmt wird, die Vorschriften der §§ 663, 665 bis 670, 672 bis 674 und, wenn dem Verpflichteten das Recht zusteht, ohne Einhaltung einer Kündigungsfrist zu kündigen, auch die Vorschrift des § 671 Abs. 2 entsprechende Anwendung.

Mein bestelltes Paket vom eBay-Privatverkäufer kommt nicht an. Was tun?

Der Fall

Umut ist schon ganz aufgeregt. Endlich hat er ein iPhone neuester Generation bei eBay-Kleinanzeigen erstehen können. Nur 400 Euro wollte der Verkäufer dafür haben! Ein echtes Schnäppchen. Komisch eigentlich, dass der Verkäufer ein solches Handy für so einen niedrigen Preis abgibt – im Handel kostet es fast das Doppelte. Aber das soll ja nicht seine Sorge sein. Als nach sieben Tagen immer noch kein Paket bei ihm ankommt, wird Umut stutzig. Hastig schreibt er dem Verkäufer. Dieser mailt noch am selben Tag zurück: «Hi, das ist ja komisch. Dabei habe ich das Paket schon vor vier Tagen losgesandt.»

Umut wird langsam ungehalten und schreibt: «Das ist mir eigentlich egal, jedenfalls will ich mein Geld zurück, wenn das Paket nicht bis übermorgen bei mir ankommt.»

Zu seiner Überraschung schreibt ihm der Verkäufer: «Das ist doch nicht mein Problem, ich habe es abgeschickt.»

Umut ist verunsichert. Kann es tatsächlich sein, dass er weder sein Geld zurückerhält noch sein Handy bekommt?

Die Gesetzeslage

Käufer sind immer wieder überrascht, wenn sie erfahren, dass sie das Risiko tragen, wenn die Ware beim Versand verlorengeht. Der Privatverkäufer muss lediglich nachweisen, dass er die Ware einer zur Ausführung der Versendung beauftragten Person oder Unternehmen ausgeliefert hat. Ab diesem Zeitpunkt trägt das Risiko des zufälligen Verlustes der Käufer.

Zwar ist der Verkäufer dann in gewissen Grenzen verpflichtet, dem Käufer beim Kontakt mit dem beauftragten Unternehmen, wie etwa DHL, zu helfen. Er muss jedoch die Ware nicht erneut versenden oder das Geld zurückgeben.

Ich kann es nicht oft genug sagen: Der Versandkauf auf eBay-Kleinanzeigen über private Verkäufer ist mit einem hohen Risiko verbunden. Solange der eBay-Käuferschutz nicht greift oder du das Geld nicht über einen Treuhänder wie PayPal überwiesen hast, gehst du als Käufer ein großes Risiko ein und musst damit rechnen, sowohl dein Geld als auch die von dir bestellte Ware zu verlieren. Nicht selten macht sich der ein oder andere windige private Verkäufer die Tatsache zunutze, dass der Käufer das Risiko trägt. Er weiß, dass die Betrogenen häufig den Gang zum Anwalt scheuen, gerade wenn es nur um geringe Summen geht – oder sie benennen gleich mehrere Zeugen, die felsenfest schwören, dass sie das Paket beim Versender abgeliefert haben.

Meine Empfehlung: Wenn du Waren über eine solche Plattform kaufen möchtest, dann solltest du sie entweder vor Ort abholen oder es gleich ganz bleiben lassen.

für SCHLAUMEIER

§ 433 BGB

Durch den Kaufvertrag wird der Verkäufer einer Sache verpflichtet, dem Käufer die Sache zu übergeben und das Eigentum an der Sache zu verschaffen. Der Verkäufer hat dem Käufer die Sache frei von Sach- und Rechtsmängeln zu verschaffen. Der Käufer ist verpflichtet, dem Verkäufer den vereinbarten Kaufpreis zu zahlen und die gekaufte Sache abzunehmen.

§ 447 BGB

Versendet der Verkäufer auf Verlangen des Käufers die verkaufte Sache nach einem anderen Ort als dem Erfüllungsort, so geht die Gefahr auf den Käufer über, sobald der Verkäufer die Sache dem Spediteur, dem Frachtführer oder der sonst zur Ausführung der Versendung bestimmten Person oder Anstalt ausgeliefert hat.

Welche Daten muss ich beim Online-Shopping zwingend angeben?

Der Fall

Leonie entdeckt in der Zeitschrift *Socialtea* eine schöne Tasche, die sie unbedingt haben möchte. Sie findet heraus, dass diese Tasche nur über einen Online-Shop erhältlich ist. Sofort holt Leonie ihre Mutter, damit die die Tasche für sie bestellen kann. Leonies Mutter kennt sich leider überhaupt nicht mit der neuesten Technik aus, fügt aber die Tasche dem Warenkorb hinzu und wird kurz darauf nach ihren persönlichen Daten gefragt. Sie soll neben ihrem Namen, ihrer Adresse und E-Mail-Adresse auch ihre Telefonnummer angeben. Leonies Mutter ist skeptisch: Sie hasst es, ihre Telefonnummer fremden Leuten mitzuteilen.

Muss sie wirklich alle Daten angeben, um die Tasche kaufen zu können?

Die Gesetzeslage

Leonies Mutter ist zu Recht skeptisch: Man darf solche personenbezogenen Daten grundsätzlich nur dann verarbeiten, wenn bestimmte Voraussetzungen gegeben sind.

«Verarbeiten» umfasst beispielsweise das Erheben oder Speichern von Daten. Eine Verarbeitung kann u. a. dann rechtmäßig sein, wenn die betreffende Person vorher in die Datenverarbeitung einwilligt oder die Verarbeitung zur Erfüllung des Vertrages erforderlich ist.

In unserem Fall möchte Leonies Mutter einen Kaufvertrag über die Tasche schließen, weshalb die Angabe ihres Namens erforderlich ist. Da die Tasche ja geliefert werden soll, ist auch die Angabe einer Adresse notwendig. Die E-Mail-Adresse kann bei Online-Verträgen für die zügige Vertragsabwicklung ebenfalls als erforderlich angesehen werden.

Anders sieht es bei der Angabe der Telefonnummer aus: Sie ist nicht nötig, um den Kaufvertrag erfüllen zu können. Die Kennzeichnung der Telefonnummer als Pflichtfeld ist in unserem Fall also falsch.

Lass dich beim Ausfüllen von (Bestell-)Formularen nicht in die Irre führen. Achte darauf, welche Felder als Pflichtfelder gekennzeichnet sind und ob die Angabe wirklich nachvollziehbar ist. Man sollte in keinem Fall einfach jedes abgefragte Feld ausfüllen, obwohl die Angabe nicht erforderlich ist. Unternehmen können so Daten abgreifen, die sie eigentlich gar nicht benötigen. Wenn du diese zusätzlichen Felder dennoch ausfüllst, kann dies als Einwilligung in die Abgabe einer freiwilligen Angabe angesehen werden.

für SCHLAU-MEIER

Art. 4 Nr. 1 Datenschutzgrundverordnung

Im Sinne dieser Verordnung bezeichnet der Ausdruck: «personenbezogene Daten» alle Informationen, die sich auf eine identifizierte oder identifizierbare natürliche Person (im Folgenden «betroffene Person») beziehen; als identifizierbar wird eine natürliche Person angesehen, die direkt oder indirekt, insbesondere mittels Zuordnung zu einer Kennung wie einem Namen, zu einer Kennnummer, zu Standortdaten, zu einer Online-Kennung oder zu einem oder mehreren besonderen Merkmalen identifiziert werden kann, die Ausdruck der physischen, physiologischen, genetischen, psychischen, wirtschaftlichen, kulturellen oder sozialen Identität dieser natürlichen Person sind; […]

Art. 6 Abs. 1 DSGVO

Die Verarbeitung ist nur rechtmäßig, wenn mindestens eine der nachstehenden Bedingungen erfüllt ist:

Die betroffene Person hat ihre Einwilligung zu der Verarbeitung der sie betreffenden personenbezogenen Daten für einen oder mehrere bestimmte Zwecke gegeben;

die Verarbeitung ist für die Erfüllung eines Vertrags, dessen Vertragspartei die betroffene Person ist, oder zur Durchführung vorvertraglicher Maßnahmen erforderlich, die auf Anfrage der betroffenen Person erfolgen; […]

Der Fall

Caro ist mit ihrer Oma in der Stadt shoppen. Schon auf der Hinfahrt hatte ihre Oma angekündigt, dass sie heute ein dickes Portemonnaie dabeihabe und unbedingt Geld loswerden wolle. Davon ist Leonie natürlich schwer begeistert. Vor ihrem geistigen Auge sieht sie sich schon mit vielen neuen Klamotten nach Hause stolzieren. Als sie direkt im ersten Laden fündig werden, zückt ihre Oma an der Kasse das Portemonnaie, öffnet das Münzfach und schüttet einen Haufen Kleingeld auf den Kassentresen. Die Kassiererin erwidert verärgert, dass sie die vielen Münzen nicht als Zahlungsmittel akzeptiere, zumal sich schon eine lange Kassenschlange gebildet habe. Leonie ist das ganze ultrapeinlich, doch ihre Oma besteht weiterhin auf Erfüllung.

Darf die Kassiererin die Bezahlung mit den Münzen ablehnen?

Die Gesetzeslage

Geld ist Geld – oder etwa nicht? Es kommt hier aber wieder mal darauf an – und zwar darauf, um wie viele Münzen es sich handelt. Wenn man mit Bargeld bezahlt, gibt es tatsächlich eine Grenze, wie viele Münzen vom Kassierer akzeptiert werden müssen. In Deutschland ist niemand verpflichtet, mehr als 50 Münzen bei einer einzelnen Zahlung anzunehmen. Sollten sich im Portemonnaie der Oma mehr Münzen befunden haben, müssen sie von der Kassiererin nicht zur Bezahlung akzeptiert werden.

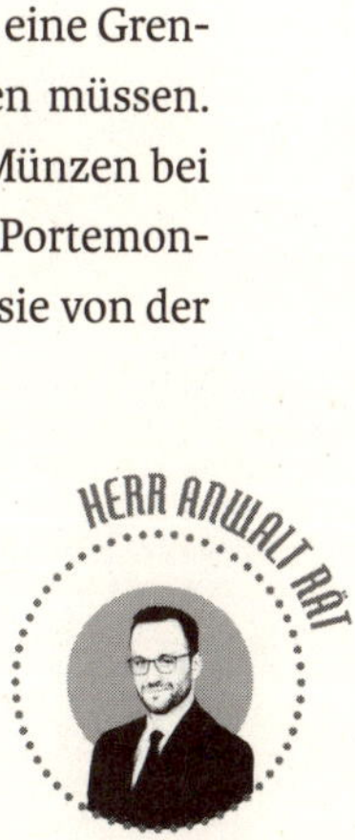

Wer jetzt auf die Idee kommen sollte, jedes Mal mit genau 50 Münzen zu bezahlen, um sein Kleingeld loszuwerden, der sollte Folgendes bedenken: Demjenigen, der das immer im selben Supermarkt versucht, könnte unterstellt werden, er mache dies nur, um den Kassenablauf zu stören. Es ist durchaus möglich, dass der Marktleiter dann irgendwann von seinem Hausrecht Gebrauch macht und einen vor die Tür setzt. Daher solltest du es dir nicht zur Gewohnheit machen, mit möglichst vielen Münzen zu zahlen.

für SCHLAU-MEIER

§ 3 Absatz 1 S. 2 Münzgesetz

Erfolgt eine einzelne Zahlung sowohl in Euro-Münzen als auch in deutschen Euro-Gedenkmünzen, ist niemand verpflichtet, mehr als 50 Münzen anzunehmen; dies gilt auch dann, wenn der Gesamtbetrag 200 Euro unterschreitet.

BEZIEHUNG UND EHE

«Die Liebe ist ein rebellischer Vogel, den man weder zähmen noch einfangen kann. Glaubst du den Vogel schon gefangen. Ein Flügelschlag entführt ihn dir. Liebe lässt dich vergebens bangen, doch bangst du nicht, ist sie hier» heißt es in einer berühmten Opern-Arie von Georg Bizet.

Und genau dieser rebellische Vogel vollzieht mit uns Menschen jeden Tag die tollsten Kunststücke. Mal lieben wir uns, mal streiten wir uns. Wir kommen zusammen, und dann trennen wir uns. Diese Gefühlsachterbahn macht nahezu jeder Mensch durch, und sie führt nicht selten zu rechtlichen Problemen. Gefährlich wird die Liebe aber auch dann, wenn sie uns aufgezwungen wird und unsere Gefühle gar nicht beachtet werden. Die sich darum rankenden rechtlichen Probleme wollen wir uns in diesem Kapitel ansehen.

Der Fall

Aus den Liebesbriefen im Klassenraum ist mehr geworden. Jamoo ist 16 und unsterblich in Addisona verliebt. Nun will Jamoo einen Schritt weitergehen. Er hat daher für seine gesamten YouTube-Einnahmen einen Verlobungsring erworben. 750er Gold, 1 Karat Diamant. Schon in einem halben Jahr will er Nägel mit Köpfen machen und seine Addisona zur Frau nehmen. Als er dann eines Abends bei ihrem Vater zu Besuch ist, um ganz klassisch dessen Erlaubnis für die Hochzeit zu erbitten, lacht dieser los. «Wieso, was ist denn?», fragt Jamoo irritiert. «Mein lieber Jamoo, weißt du denn nicht, dass ihr erst heiraten könnt, wenn ihr volljährig seid?», fragt ihn Addisonas Vater.

Für Jamoo bricht eine Welt zusammen. Dennoch wundert er sich. Hatte er nicht neulich erst gelesen, dass man in Deutschland schon ab 16 Jahren heiraten darf?

Die Gesetzeslage

Der arme Jamoo hat leider eine etwas ältere Quelle für sein Anliegen gefunden. Seit dem 22. 07. 2017 dürfen Personen nur dann heiraten, wenn sie zum Zeitpunkt der Eheschließung volljährig sind. Minderjährige sollen in Deutschland vor zu früher Heirat geschützt werden. Daher hat der Gesetzgeber ein Verbot von Kinderehen verabschiedet. Zuvor durften auch 16-Jährige schon – bei entsprechender Befreiung durch das Familiengericht – die Ehe eingehen. Jamoo wird also warten müssen, bis er und Addisona 18 Jahre alt sind, um den Bund der Ehe schließen zu können.

Es ist ein Segen, dass der Gesetzgeber eine entsprechende Änderung beschlossen hat. Sogenannte Frühehen sind ein weltweites Problem: Oftmals entspringen sie nicht dem eigenen Wunsch junger Mädchen und Jungen, eine Ehe einzugehen, sondern sie werden von ihrer Familie dazu gezwungen.

Zusätzlich zum Verbot der Ehe existiert das sogenannte Verbot der religiösen Voraustrauung. Das heißt, es darf auch nicht etwa kirchlich oder in einer vergleichbaren Zeremonie ein Bund geschlossen werden. Sollte dich jemand dazu drängen, obwohl du noch nicht 18 bist, kannst du dich beispielsweise an das Hilfetelefon 0800 0116016 wenden.

für SCHLAUMEIER

§ 1303 BGB – Ehemündigkeit

Eine Ehe darf nicht vor Eintritt der Volljährigkeit eingegangen werden. Mit einer Person, die das 16. Lebensjahr nicht vollendet hat, kann eine Ehe nicht wirksam eingegangen werden.

Der Fall

Anna, 14, ist nun seit über einem Jahr mit Paul, 16, zusammen. In dieser Zeit haben sie schon viel miteinander unternommen. Unter anderem durfte Anna schon zwei Mal bei Paul schlafen. Hierbei sind sie sich auch näher gekommen als sich nur zu küssen. Gerne würde Anna nun einen Schritt weiter gehen und hat sich bei ihren Freundinnen nach möglichen Verhütungsmethoden erkundigt.

Sie ist jedoch sehr unsicher, ob sie rechtlich gesehen überhaupt schon Sex haben darf, und hat dazu unterschiedliche Aussagen im Internet gelesen.

Darf Anna mit 14 Jahren schon Sex haben?

Die Gesetzeslage

Rechtlich gesehen dürfen Jugendliche ab 14 Jahre Sex haben. Bei Jüngeren ist es jedoch absolut strafbar. Und damit ist wirklich absolut gemeint. Selbst wenn ein gerade 14-Jähriger mit einer gerade noch 13-Jährigen Geschlechtsverkehr haben sollte, macht er sich bereits strafbar. Das mag erst einmal seltsam klingen, dient aber der klaren Abgrenzung. Der Gesetzgeber wollte damit dem sexuellen Missbrauch von Kindern vorbeugen und geht davon aus, dass man mit 13 noch nicht in der Lage ist, frei darüber zu bestimmen, ob man Sex haben möchte.

Aufpassen solltet ihr außerdem, wenn der eine Partner über 21 und der andere unter 16 Jahre alt ist. Dann könnte sich eine Strafbarkeit ergeben, sofern die minderjährige Person nicht die Fähigkeit zur sexuellen Selbstbestimmung hat. Damit ist gemeint, dass man in der Lage ist, die Bedeutung und Tragweite seines Handelns zu erkennen, und man die Dinge nicht nur tut, weil man dazu manipuliert wird.

Bei Sexualverkehr mit unter 14-Jährigen handelt es sich nicht um eine Lappalie. Die Strafen hierfür können enorm sein: Die Mindestfreiheitsstrafe beträgt hier sechs Monate.

Pass deshalb gut auf und warte im Zweifel besser ab. Außerdem ist es wichtig, dass ihr euch beide ganz sicher seid und euch nicht gegenseitig drängt. Dann wird es auch für beide ein sehr schönes Erlebnis.

für SCHLAUMEIER

§ 176 StGB

Wer sexuelle Handlungen an einer Person unter vierzehn Jahren (Kind) vornimmt oder an sich von dem Kind vornehmen läßt, wird mit Freiheitsstrafe von sechs Monaten bis zu zehn Jahren bestraft.

§ 182 Abs. 3 StGB

Eine Person über einundzwanzig Jahre, die eine Person unter sechzehn Jahren dadurch mißbraucht, daß sie

1. sexuelle Handlungen an ihr vornimmt oder an sich von ihr vornehmen läßt

oder

2. diese dazu bestimmt, sexuelle Handlungen an einem Dritten vorzunehmen oder von einem Dritten an sich vornehmen zu lassen, und dabei die ihr gegenüber fehlende Fähigkeit des Opfers zur sexuellen Selbstbestimmung ausnutzt, wird mit Freiheitsstrafe bis zu drei Jahren oder mit Geldstrafe bestraft.

DÜRFEN MEINE ELTERN ENTSCHEIDEN, WEN ICH HEIRATE?

Der Fall

Amelia ist sehr traurig. Mit immer mehr Vehemenz fordern ihre Eltern, dass sie sich nun mit 19 Jahren endlich einen Mann suchen und heiraten solle. Dabei will sie gar nicht heiraten, jedenfalls jetzt noch nicht. Viel lieber will sie ein Jurastudium beginnen und dann Anwältin werden. Ihr Vater hat dafür kein Verständnis: «Wenn du dir keinen Mann suchst, dann finde ich eben einen für dich», erklärt er ihr eines Abends. Er habe gute Kontakte zu anderen Familien und sei daher zuversichtlich, schnell einen Mann für Amelia zu finden.

Amelia traut sich aus Angst vor ihrem Vater nicht, zu widersprechen. Dennoch fragt sie sich, ob eine fremdbestimmte Heirat in Deutschland nicht eigentlich verboten ist.

Darf Amelias Vater entscheiden, wen sie heiratet?

Die Gesetzeslage

Amelias Gefühl trügt sie nicht. Nur sie selbst darf darüber entscheiden, ob sie heiraten möchte und wen. Eine arrangierte Ehe ist nicht erlaubt. Amelia muss sich von ihren Eltern nicht verheiraten lassen.

Unter bestimmten Umständen kann eine arrangierte Ehe sogar strafbar sein, beispielsweise dann, wenn Amelias Vater sie mit Gewalt oder Drohungen dazu zwingt. Dann spricht man von einer Zwangsheirat. Überraschenderweise wurde der Paragraph, der diese verbietet, erst 2011 ins deutsche Strafgesetzbuch eingeführt. Bis zu diesem Zeitpunkt war die Zwangsheirat nur als schwere Nötigung strafbar. Daneben könnten noch weitere Straftatbestände verwirklich sein, wie etwa Körperverletzungen oder Freiheitsberaubung. Je nachdem, wie die zwangsverheiratete Person dazu gebracht werden sollte.

Auch in der allgemeinen Erklärung der Menschenrechte in Artikel 16 heißt es: Eine Ehe darf nur bei freier und uneingeschränkter Willenseinigung der künftigen Ehegatten geschlossen werden.

Wenn du von einer solchen oder ähnlichen Situation betroffen bist, kannst du dir beim Hilfetelefon «Gewalt gegen Frauen» unter der kostenlosen Nummer 0800 – 0116016 Rat holen. Wunder dich nicht über den Namen: Das Hilfetelefon ist für mehrere Anliegen zuständig. Auch, was diesen Fall hier betrifft. Unter www.hilfetelefon.de ist sogar eine Onlineberatung möglich.

für SCHLAUMEIER

Art. 16 Allgemeine Erklärung der Menschenrechte
Heiratsfähige Männer und Frauen haben das Recht zu heiraten und eine Familie zu gründen. Sie haben bei der Eheschließung, während der Ehe und bei der Auflösung gleiche Rechte. Eine Ehe darf nur geschlossen werden, wenn beide Partner dieser freiwillig zustimmen.

§ 237 StGB
Wer einen Menschen rechtswidrig mit Gewalt oder durch Drohung mit einem empfindlichen Übel zur Eingehung der Ehe nötigt, wird mit Freiheitsstrafe von sechs Monaten bis zu fünf Jahren bestraft. Rechtswidrig ist die Tat, wenn die Anwendung der Gewalt oder die Androhung des Übels zu dem angestrebten Zweck als verwerflich anzusehen ist.

Der Fall

Leila und Adrian kennen sich seit ihrer Kindheit. Schon damals haben ihre Eltern sie bei Verwandtenbesuchen immer gemeinsam spielen lassen.

Seit einiger Zeit haben Leila und Adrian gemerkt, dass sie mehr füreinander empfinden als nur Freundschaft. Immer häufiger treffen sie sich, und beiden wird klar, wie eng verbunden sie sich fühlen. Auch erste Zärtlichkeiten haben sie schon ausgetauscht. Insgeheim denkt Leila an später: Was sollen nur ihre Freunde denken, wenn sie erfahren, dass der Mann, mit dem sie sich seit längerem trifft, in Wahrheit ihr Cousin ist? Und was ist, wenn sie feststellen, dass sie sich wirklich lieben und zusammenbleiben wollen?

Dürfen Cousin und Cousine in Deutschland überhaupt heiraten?

Die Gesetzeslage

Für viele stellt es eine echte Überraschung dar: Aber du darfst in Deutschland tatsächlich deinen Cousin oder deine Cousine heiraten.

Verboten sind in Deutschland nur Ehen zwischen Blutsverwandten in gerader Linie und Geschwistern. Gerade Linie bedeutet, dass weder Kinder ihre Eltern noch ihre Großeltern oder Urgroßeltern heiraten dürfen. Auch ein leiblicher Bruder und eine leibliche Schwester dürfen einander nicht heiraten. Auch dann nicht, wenn sie nur Halbgeschwister sind.

Möglich ist also beispielsweise die Ehe zwischen Cousin und Cousine, Tante und Neffen oder Stiefgeschwistern.

Leila dürfte in diesem Fall also Adrian ohne Probleme treffen und mit ihm den Bund der Ehe eingehen.

Solange keine arrangierte Ehe bzw. eine Zwangsheirat vorliegt, spricht nichts dagegen, auch seinen Cousin oder seine Cousine zu heiraten. In dem Fall also: freie Fahrt für die Liebe.

für SCHLAUMEIER

§ 1307 BGB Verwandtschaft

Eine Ehe darf nicht geschlossen werden zwischen Verwandten in gerader Linie sowie zwischen vollbürtigen und halbbürtigen Geschwistern. Dies gilt auch, wenn das Verwandtschaftsverhältnis durch Annahme als Kind erloschen ist.

Der Fall

Jenny ist schon seit längerem eifersüchtig auf Ellie. Alles begann auf der Kirmes, als Ellie sich einfach bei ihrem Schwarm Tim eingehakt hat. Hätte Jenny Ellie bloß nie mitgenommen an diesem Tag! Seitdem waren Ellie und Tim unzertrennlich und sind nunmehr schon seit einem halben Jahr zusammen.

Insgeheim schmiedet Jenny einen Plan. Heimlich erstellt sie über Wochen mehrere Fake-Accounts von Boys und stellt ein wahre Fake-Freundschaftssammlung zusammen. Damit kommentiert sie wechselseitig unter den Profilen. Mit dem Fake-Profil eines besonders süßen Boys schreibt sie schließlich Ellie an. Und der Plan geht auf. Nach kurzer Zeit ergibt sich eine interessante Konversation, in der Jenny Ellie über ihren Fake-Account immer wieder anflirtet. Und siehe da, irgendwann lässt sich Ellie für einen kurzen Moment auf den Flirt ein und schickt ein 😗😊 zurück.

Jenny macht davon sofort einen Screenshot und sendet ihn an Tim. Dieser ist außer sich und stellt Ellie zur Rede. Sie streitet den Chat jedoch zunächst ab, was Tim nur noch wütender macht. Schließlich trennt er sich von der völlig aufgelösten Ellie.

Als Ellie im Nachhinein erfährt, wer hinter der ganzen Sache steckt, ist sie unendlich wütend und erschüttert. Kann man Jenny eigentlich dafür bestrafen?

Die Gesetzeslage

Es mag für viele sehr unbefriedigend sein, aber ein Straftatbestand des «Beziehungzerstörens» existiert in Deutschland nicht. Sicherlich hätte ein Richter auch große Schwierigkeiten herauszufinden, was nun zum Ende der Beziehung geführt hat.

Aber: Die Veröffentlichung von fremden Chatnachrichten per Screenshot und Weiterversendung ist nicht erlaubt, denn man greift damit in das Allgemeine Persönlichkeitsrecht desjenigen ein, der am Chat beteiligt ist. Deshalb könnte sich Ellie zur Wehr setzen. Praktisch gesehen, werden solche kleinen Delikte jedoch kaum verfolgt, und auch zivilrechtlich wäre dies mit großem Aufwand verbunden.

Nicht alles, was moralisch verwerflich erscheint, ist tatsächlich auch strafbar. Der Gesetzgeber hat das Strafrecht bewusst als letztes Mittel gewählt, um in Deutschland den Rechtsfrieden zu gewährleisten. Zuvor sollen die Bürger die Angelegenheiten unter sich klären oder auf dem zivilrechtlichen Weg die Gerichte anrufen. Deshalb wird nicht jedes unmoralische Handeln oder jede leichte Gesetzesübertretung gleich strafrechtlich geahndet. Wäre dies der Fall, könnte es zu verheerenden Konsequenzen führen und das Strafrecht – wie etwa in der NS-Vergangenheit – auch als politisches Instrument missbraucht werden. Es bleibt dabei: Sei vorsichtig, was du wem auf sozialen Medien bzw. über Chats anvertraust. Denn nicht selten landet das Gesendete in den falschen Händen.

für SCHLAUMEIER

Allgemeines Persönlichkeitsrecht Art. 2 Abs. 1 GG i. V. m. Art. 1 Abs. 1 GG

Das Ultima-Ratio-Prinzip, dass das Strafrecht als letztes mögliches Mittel in Betracht kommt, um den Rechtsfrieden zu erzwingen.

Der Fall

Jenny (12) ist seit ein paar Tagen mit Georg (13) zusammen. Schon länger hatten sie ein Auge aufeinander geworfen, und spätestens, als Georg ihr eines Abends auf der Klassenfahrt etwas auf seiner Gitarre vorgespielt hatte, war es um Jenny geschehen. Inzwischen hatten sie sich schon viele Male verabredet, um gemeinsam Playstation zu spielen und Anime zu gucken. Dabei hält Georg sie regelmäßig im Arm und streichelt sie liebevoll. Jenny ist überzeugt: Georg ist der Richtige, und sie möchte nun ihren ersten Kuss mit ihm haben. Jedoch ist sie sich unsicher, ob sie dies mit ihren gerade einmal 12 Jahren eigentlich schon darf.

Was sagt das Gesetz dazu?

Die Gesetzeslage

Auch Kinder und Jugendliche dürfen sich untereinander generell problemlos küssen und Zärtlichkeiten austauschen.

Tatsächlich sind normale Küsse im Gesetz kaum geregelt. Es gibt daher keine Altersgrenze, die das Küssen erst ab einem bestimmten Alter erlauben würde. Es ist daher völlig in Ordnung, wenn Georg und Jenny sich küssen. Anders könnte es aber sein, wenn ein 21-jähriger Mann eine 12-Jährige mit deutlichem Sexualbezug wild küsst. Da könnte eine entsprechende Strafbarkeit vorliegen. Ebenso ist es natürlich nicht in Ordnung, wenn man zu einem Kuss gezwungen wird. Dies gilt übrigens auch für ungewollte Küsse von Familienmitgliedern wie Tanten oder Onkeln. Es ist das Recht jedes Menschen – und damit natürlich auch jeden Kindes und jedes Jugendlichen –, selbst darüber zu entscheiden, mit wem er Zärtlichkeiten austauschen möchte und mit wem nicht.

Solange keine sexuellen Handlungen zwischen einer Person über 14 und einer Person unter 14 vorgenommen werden, ist das Austauschen von Zärtlichkeiten unter Jugendlichen kein Problem. Du darfst und solltest auch diese Erfahrungen machen. Wusstest du übrigens, dass dein Körper während des Küssens Glückshormone ausschüttet? Und das ist doch allemal ein guter Grund, es häufiger zu tun.

für SCHLAUMEIER

§ 176 StGB Sexueller Mißbrauch von Kindern

1. Wer sexuelle Handlungen an einer Person unter vierzehn Jahren (Kind) vornimmt oder an sich von dem Kind vornehmen läßt, wird mit Freiheitsstrafe von sechs Monaten bis zu zehn Jahren bestraft.

Darf man die Sachen vom Ex behalten, wenn dieser sie nicht abholt?

Der Fall

Ellie hat nun endgültig die Schnauze voll von ihrem Ex. Nach dem Riesentheater in der letzten Woche will sie einen Schlussstrich ziehen. Dazu gehört auch, dass Maximilian ein für alle Mal seine Sachen aus ihrer Wohnung abholt. Prompt kommt ihr eine Idee: Sie könnte Maximilian einen Brief schreiben, in dem sie erklärt, dass sie seine Sachen wegschmeißen würde, wenn er sie nicht innerhalb der nächsten drei Tagen abhole. Gesagt, getan. Nachdem Maximilian nach zwei Wochen immer noch nicht seine alte Playstation 4, seinen Kleiderschrank und diverse Pullis bei ihr abgeholt hat, wirft sie die Pullis in den Altkleidercontainer und zerhackt den Kleiderschrank mit einer Axt. Die Playstation behält sie selbst.

Durfte Elli die Sachen ihres Ex wegschmeißen bzw. zerstören?

Die Gesetzeslage

Es ist zwar sehr schade für Ellie, und sicherlich hat sie gedacht, sie macht alles richtig, wenn sie Maximilian eine kurze Frist setzt und dann mit den Sachen macht, was sie will. Aber leider darf sie genau das nicht. Unabhängig davon, ob sich die Gegenstände noch in Ellies Wohnung befinden, bleibt Maximilian Eigentümer der Playstation und der Pullover. Ellie hätte Maximilian beim Anschreiben eine längere Frist und konkrete Abholtermine nennen müssen. Auch danach darf sie die Sachen nicht einfach behalten oder auf den Müll schmeißen. Tut sie es dennoch, muss Ellie Maximilian gegebenenfalls sogar Schadensersatz dafür zahlen.

Auf der anderen Seite, und wenn es hart auf hart kommt, könnte Ellie von Maximilian eine Entschädigung dafür verlangen, dass sie größere Gegenstände wie den Schrank bei sich aufbewahrt, und Maximilian gerichtlich zur Abholung auffordern.

Wenn du in solche Situationen kommst, ist es wichtig, deinem Expartner eine angemessene Frist zur Abholung zu setzen. Mindestens zwei Wochen sollten schon drin sein. Im Idealfall schreibst du gemeinsam mit einem Zeugen einen entsprechenden Brief, listest dort die Gegenstände auf, lässt den Zeugen den Brief eintüten und wirfst diesen Brief gemeinsam in den Briefkasten deines oder deiner Ex.

Sofern der Empfänger weit entfernt wohnt, kann man den Brief auch per Einschreiben einwerfen lassen. Im größten Vorteil sind aber Menschen mit schlechtem Gedächtnis: Sie erinnern sich nach langer Trennung manchmal gar nicht daran, dass ihr Ex überhaupt noch Pullover von ihnen in der untersten Schublade hatte.

für SCHLAUMEIER

§ 903 BGB Befugnisse des Eigentümers

Der Eigentümer einer Sache kann, soweit nicht das Gesetz oder Rechte Dritter entgegenstehen, mit der Sache nach Belieben verfahren und andere von jeder Einwirkung ausschließen.

FAMILIE

Unter jedem Dach ein Ach – in diesem Spruch steckt viel Wahrheit. Denn obwohl Familie eigentlich Geborgenheit, gegenseitige Hilfe und Zusammenhalt bedeuten soll, ist es in der Realität nicht selten anders. Dann kommt es zu Streit, Misstrauen und einigen kleinen Gemeinheiten. Doch auch Kinder und Jugendliche sind nicht rechtlos gestellt. In diesem Abschnitt wollen wir uns einen kleinen Überblick darüber verschaffen.

Dürfen meine Geschwister über mich bestimmen?

Der Fall

Die Eltern von Justus (17) und Timmy (6) haben ein Wellnesswochenende in den Bergen gebucht. Damit sie wirklich entspannen können, sollen die Kinder zu Hause bleiben. Die Eltern schwören ihren Sohn Justus – ohne dass es sein Bruder Timmy mitbekommt – darauf ein, dass er die Verantwortung übernehmen und insbesondere ein Auge auf die Aktivitäten seines jüngeren Bruders haben soll. Justus nickt zustimmend. Kurz nachdem die Eltern das Haus verlassen haben und die Tür hinter ihnen ins Schloss gefallen ist, fallen Timmy viele – aus seiner Sicht – spaßige Dinge ein, die man ohne die Eltern dringend mal ausprobieren sollte. Der neuerdings verantwortungsbewusste Justus weist Timmy jedoch schnell in seine Schranken und schlägt einen ruhigen Kinoabend vor. Allerdings befiehlt Justus ihm, dass er vorher noch Justus' Zimmer aufräumen müsse. Timmy ist entsetzt, er erkennt Justus gar nicht mehr wieder. Bockig fragt er sich, ob Justus ihm überhaupt Vorschriften machen darf. Schließlich dürfen doch nur Eltern einem sagen, was man zu Hause zu tun hat, oder?

Die Gesetzeslage

Sein Gefühl trügt Timmy nicht. Generell haben die Eltern die sogenannte elterliche Sorge und damit die Aufsichtspflicht. Das bedeutet, dass sie darauf zu achten haben, dass ihren Kindern nichts passiert. Gleichzeitig müssen sie aber sicherstellen, dass ihre Kinder nichts anstellen.

Wenn die Eltern etwas erledigen müssen, kann das ältere Geschwisterkind mit ihrem Auftrag durchaus mal auf das jüngere aufpassen. Dann sollte das jüngere Kind auch tun, was das ältere Geschwisterkind sagt: Schließlich verlassen sich die Eltern darauf, dass aufgepasst wird, damit dem jüngeren Kind nichts passiert.

Dass ältere Geschwister zuweilen die Aufsicht übernehmen können, lässt sich auch dem Gesetz entnehmen. So sind sich Eltern und Kinder einander zu Beistand und Rücksichtnahme verpflichtet. Das bedeutet, dass eigene Belange zugunsten der Familie durchaus mal hintangestellt werden müssen.

Hierbei kommt es aber sowohl auf den Altersunterschied zwischen den Geschwistern an, als auch auf die Einsichtsfähigkeit des aufpassenden Kindes. Ein 6-Jähriger sollte natürlich nicht auf einen 2-Jährigen aufpassen. Ein 17-Jähriger kann aber sehr wohl mal auf einen 7-Jährigen aufpassen.

Etwas anderes gilt jedoch, wenn die älteren die jüngeren Kinder ohne Grund und ohne Auftrag der Eltern einfach nur rumkommandieren möchten. Das geht natürlich nicht. Auch die jüngeren Geschwisterkinder dürfen selbst bestimmen, ob sie etwas für ihren Bruder oder Schwester tun möchten oder nicht. Timmy muss also nicht Justus' Zimmer aufräumen!

Sei lieb zu deinen jüngeren Geschwistern. Zusammen Spaß zu haben, ist nie verkehrt und macht die Eltern gleichzeitig stolz. Wenn du dich gut schlägst, kannst du mit dem Aufpassen auf Kinder sogar Geld verdienen und dich nach Jobs als Babysitter umsehen.

Den Jüngeren ist ebenfalls geraten: Seid nett zu euren Geschwistern. Denn bald könnten sie einmal auf euch aufpassen.

für SCHLAU-MEIER

§ 832 BGB

Wer kraft Gesetzes zur Führung der Aufsicht über eine Person verpflichtet ist, die wegen Minderjährigkeit oder wegen ihres geistigen oder körperlichen Zustands der Beaufsichtigung bedarf, ist zum Ersatz des Schadens verpflichtet, den diese Person einem Dritten widerrechtlich zufügt.

§ 1631 BGB

Die Personensorge umfasst insbesondere die Pflicht und das Recht, das Kind zu pflegen, zu erziehen, zu beaufsichtigen und seinen Aufenthalt zu bestimmen.

§ 1618a BGB

Eltern und Kinder sind einander Beistand und Rücksicht schuldig.

Der Fall

Es ist Freitagabend, und Papa Günni soll auf den sieben Jahre alten Hendrik aufpassen, während Mama mit ihren Freundinnen ausgeht. Kurz nachdem die Mutter sich auf den Weg gemacht hat, erhält Papa Günni einen Anruf von seinem besten Freund Harry. Heute sei spontan ein ganz seltenes Live-Konzert von ihrer Lieblingshardrockband in einer Bar in der Stadt, und Harry habe zwei Karten im Radio gewonnen. Papa Günni ist direkt begeistert von der Idee, mal wieder richtig abzurocken. Er sucht schon nach den Autoschlüsseln, bis ihm wieder einfällt, dass er eigentlich auf Hendrik aufpassen muss. Papa Günni überlegt, ob er Hendrik für die paar Stunden allein lassen kann. Darf er?

Die Gesetzeslage

Eine konkrete Vorgabe, ab welchem Alter Eltern ihre Kinder für wie lange allein zu Hause lassen dürfen, gibt es nicht. Es kommt darauf an, ob die Eltern durch das Alleinlassen des Kindes ihrer Aufsichtspflicht nicht mehr ausreichend nachkommen. Wann das der Fall ist, hängt ganz individuell von der jeweiligen Situation und der jeweiligen Reife des Kindes ab.

Eine Rolle bei der Entscheidung kann auch die Uhrzeit spielen, zu der ein Kind allein bleiben soll. Nachmittags ist es sicherlich eine andere Situation als abends oder gar über Nacht. Und es versteht sich von selbst, dass man natürlich kein Kind allein zu Hause lassen darf, das nicht ohne Hilfe seinen Grundbedürfnissen nachkommen kann, also beispielsweise nicht selbst seinen Hunger und Durst stillen oder noch nicht allein zur Toilette gehen kann. Auch im oben beschriebenen Fall erscheint es zu früh, dass

Papa Günni den kleinen Hendrik abends komplett allein zuhause lässt.

Es sollte immer in der jeweiligen Situation entschieden werden, ob man das Kind allein zu Hause lassen kann oder nicht. Auch die Tagesform eines Kindes ist möglicherweise entscheidend. Fühlt es sich nicht gut, sollte es auch dann nicht allein gelassen werden, wenn das vorher schon mal ohne Probleme geklappt hat. Und den Kindern würde ich raten: Sag deinen Eltern, wenn du allein Angst hast oder dich unwohl fühlst. Vielleicht finden die Eltern dann einen Babysitter, den du magst – dann bist du nicht allein, und die Eltern können auch mal ausgehen.

für SCHLAUMEIER

§ 1631 BGB

Die Personensorge umfasst insbesondere die Pflicht und das Recht, das Kind zu pflegen, zu erziehen, zu beaufsichtigen und seinen Aufenthalt zu bestimmen.

DÜRFEN MEINE ELTERN MEIN HANDY ÜBERWACHEN?

Der Fall

Justus' Mutter Kathrin ist neugierig. Woher kommt wohl Justus' gute Laune neuerdings? Ob er verliebt ist? Er sagt nichts dazu. Aber wer könnte die Auserwählte ihres ältesten Sohnemanns bloß sein? Als Justus sein Smartphone kurz auf dem Küchentresen liegen lässt, um sich Papa Helges neues Motorrad anschauen zu gehen, nutzt Mutter Kathrin die Gelegenheit. Sie gibt Justus' schwierige PIN – 123456 – ein und schaut, wer Justus Nachrichten schickt. Sie findet schließlich einen Chat mit einer gewissen Leonie, die ihm ein Herz-Emoji geschickt hat. Während die Mutter noch rätselt, wer diese Leonie sein könnte, wird sie von Justus erwischt. Justus ist empört. Was bildet sich seine Mutter ein? Macht sie das etwa öfter? Eltern dürfen doch nicht einfach das Smartphone ihrer Kinder durchforsten – oder etwa doch?

Die Gesetzeslage

Es kommt – Überraschung! – drauf an. Eltern haben eine Aufsichtspflicht: Sie müssen prinzipiell dafür sorgen, dass ihrem Kind nichts geschieht. Smartphones können durchaus eine Gefahrenquelle für Kinder sein. Gerade über soziale Netzwerke können Kinder mit dubiosen Internetseiten oder zwielichtigen Menschen in Kontakt kommen. Sollten die Eltern den Verdacht haben, dass ihrem Kind eine Gefahr bei der Nutzung des Smartphones oder bestimmter Apps drohen könnte, dürfen sie auch das Smartphone daraufhin überprüfen.

Es gibt aber keine Norm, die Eltern generell erlaubt, das Handy jederzeit und ohne Grund zu überwachen. Schließlich haben auch

Kinder ein Recht auf Privatsphäre. In Justus' Fall war es also nicht in Ordnung, dass seine Mutter sein Smartphone aus reiner Neugier durchsucht hat.

Sollte dir bei der Benutzung deines Smartphones etwas seltsam vorkommen, etwa, weil Leute dich auf eine komische Weise anschreiben oder dir Bilder schicken, dann scheue dich nicht, mit deinen Eltern darüber zu sprechen. Es ist wichtig, dass ihr euch gegenseitig vertrauen könnt. Wenn deine Eltern wissen, dass du auf sie zukommst, wenn du etwas Dubioses entdeckt hast, werden sie keinen Anlass dafür sehen, in deinen Apps und Chats rumzuschnüffeln.

Und, ein kleiner Tipp von mir: 123456 ist kein guter Entsperrcode. Und nein, auch das Geburtsdatum ist nicht viel besser. ☺

für SCHLAUMEIER

§ 1631 BGB
Die Personensorge umfasst insbesondere die Pflicht und das Recht, das Kind zu pflegen, zu erziehen, zu beaufsichtigen und seinen Aufenthalt zu bestimmen.

Dürfen meine Eltern entscheiden, was ich anziehe?

Der Fall

Leonie hat einen alten Tanzfilm im Fernsehen gesehen und ist jetzt total fasziniert von der damaligen Mode. Deswegen setzt sie sich sofort nach dem Film an den PC und recherchiert, wo sie solche Klamotten herbekommen könnte. Sie entdeckt einen kleinen Laden in der Stadt. Am nächsten Tag kommt sie mit einem, in ihren Augen, tollen Outfit zurück und präsentiert es ihrer Mutter Susanne. Susanne kann sich das Lachen bei Leonies Anblick kaum verkneifen. Leonie ist stinksauer und fragt ihre Mutter, was denn so lustig an ihr sei. Ihre Mutter – eine waschechte Fashionista – meint, dass diese Klamotten alles andere als trendig seien. Sie solle lieber etwas aus ihrem Schrank anziehen. Sie verbietet Leonie sogar, in diesem Dress vor die Tür zu gehen. Schließlich habe sie als ehemaliges Model einen Ruf zu verlieren.

Leonie ist sich sicher, dass ihre Eltern ihr ja wohl kaum vorschreiben können, was sie anzuziehen habe und was nicht. Wer hat hier recht?

Die Gesetzeslage

Das ist gar nicht so einfach zu beantworten, denn Kleidung kann ein Ausdruck der eigenen Persönlichkeit sein. Es steht Kindern also durchaus das Recht zu, ihrer Persönlichkeit über die Art ihrer Klamotten zu entfalten. Hierbei sollten die Eltern jedoch stets darauf achtgeben, dass die Kinder auch dem Wetter entsprechend gekleidet sind, um zum Beispiel Erkältungen vorzubeugen – gerade Jüngere können sich noch nicht vorausschauend anziehen. Das bedeutet für Leonies Fall: Sie darf rechtlich gesehen durchaus ihre neuen Lieblingsklamotten tragen, auch wenn diese für ihre Mutter nicht trendy genug sind.

Ein häufiges Thema ist natürlich auch, wie freizügig man sich kleidet. Hier sollte man gemeinsam in Gesprächen ein gutes Mittelmaß finden.

Rede mit deinen Eltern und finde Kompromisse. Und auch, wenn man es nur ungern zugibt: Manchmal können sie einen sogar vor üblen Fashion-Fails oder peinlichen Kommentaren bewahren.

für SCHLAU-MEIER

Hier kommt das Allgemeine Persönlichkeitsrecht Art. 2 in Verbindung mit Art. 1 des Grundgesetzes zum Tragen.

Der Fall

Oma Kati ist zu Besuch und blättert mit ihrer Enkelin Lara ein altes Fotoalbum durch. Dabei stoßen die beiden auf ein Bild, auf dem Laras Mutter sich die Hand an die Wange hält und bitterlich weint. Lara will wissen, warum. Oma Kati erinnert sich, dass ihre Tochter kurz vor dem Foto unartig gewesen sei und ihr Vater ihr deshalb eine leichte Ohrfeige verpasst habe. Für Oma Kati scheint das ganz normal gewesen zu sein. Lara ist verwirrt und entsetzt.

Dürfen Eltern ihre Kinder etwa einfach schlagen?

Die Gesetzeslage

Au Backe! Früher war wohl doch nicht alles besser. Denn früher gab es das sogenannte Züchtigungsrecht. Danach war es den Eltern gesetzlich gestattet, «angemessene Zuchtmittel» gegen das Kind anzuwenden. Damals waren für viele Kinder deshalb Ohrfeigen und Schläge auf den Hintern – leider – normal.

Zwar wurde die Erlaubnis dazu später im Gesetz gestrichen. Es blieb jedoch noch lange Zeit weiter anerkannt, dass man als Eltern seine Kinder als «erzieherische Maßnahme» maßvoll züchtigen durfte.

Heutzutage gibt es das Züchtigungsrecht nicht mehr: Im Gesetz steht jetzt ausdrücklich geschrieben, dass Kinder ein Recht auf gewaltfreie Erziehung haben. Körperliche Bestrafung, seelische Verletzungen und andere entwürdigende Maßnahmen sind unzulässig. Das bedeutet, dass Eltern ihre Kinder nicht schlagen, aber auch nicht auf eine andere Art und Weise misshandeln dürfen!

Gewalt ist grundsätzlich keine Lösung! Solltest du Gewalt – zu Hause oder anderswo – erleben, solltest du dir direkt Hilfe suchen. Das ist bestimmt nicht immer leicht, gerade wenn es um die eigenen Eltern geht. Aber ich kann dich dazu nur ermutigen.

Du kannst dich beispielsweise an das Jugendamt, die Polizei, Freunde oder Lehrer wenden.

Hilfe bekommst du auch beim Kinder- und Jugendtelefon unter der Telefonnummer 116 111 oder bei der Telefonseelsorge unter der Nummer 116 123.

§ 1631 Absatz 2 BGB

Kinder haben ein Recht auf gewaltfreie Erziehung. Körperliche Bestrafungen, seelische Verletzungen und andere entwürdigende Maßnahmen sind unzulässig.

DARF ICH FÜR MEINE ELTERN PAKETE ANNEHMEN?

Der Fall

Timmy fühlt sich für seine sechs Jahre schon richtig erwachsen. Er versucht, das seinen Eltern auch immer wieder zu beweisen. Als Papa Günni ein Paket geliefert bekommen soll, will Timmy unbedingt das Paket entgegennehmen. Da Papa Günni einfach nur das Paket haben will und schon genervt ist, willigt er ein. Als der Paketbote klingelt, macht Timmy die Tür auf. Der Paketbote ist beim Anblick von Timmy skeptisch. Kann er diesem kleinen Jungen wirklich das Paket übergeben?

Die Gesetzeslage

Die Frage lässt sich gar nicht so eindeutig beantworten. Wie so häufig es kommt es drauf an.

Voraussetzung ist erst einmal, ob die Person zum Empfang ausdrücklich berechtigt ist oder ob zumindest davon ausgegangen werden kann, dass sie es ist.

Grundsätzlich können also auch Minderjährige Pakete annehmen. Hierzu gibt es den Merksatz, den wir schon beim Einkaufen kennengelernt haben: «Ist das Kind auch noch so klein, kann es dennoch Bote sein.» Jedoch wird dieser Satz in unserem Fall noch ein wenig eingeschränkt: Unter 7-Jährige werden als nicht geeignet zur Annahme angesehen. Bei älteren, aber minderjährigen Kindern kommt es auf die persönliche Entwicklung an. Timmy sollte man deshalb besser kein Paket annehmen lassen.

Je nachdem, was in einem Paket enthalten ist, sollte man überlegen, ob es nicht eine alternative Liefermöglichkeit gibt, wenn man weiß, dass man bei der Lieferung höchstwahrscheinlich nicht selbst zu Hause sein wird. Man könnte das Paket in dem Fall bei Nachbarn oder in einer Paketstation hinterlegen lassen.

für SCHLAUMEIER

Man nennt die Person, die das Paket entgegennimmt, Empfangsbote.

Meine Eltern lassen sich scheiden – wo darf ich leben, und werde ich gefragt?

Der Fall

Nach dem großen Streit an Weihnachten haben Leas Eltern beschlossen, sich scheiden zu lassen. Sie versichern ihrer Tochter jedoch, dass sie sie beide lieben und sich nichts für sie ändern werde. Lea ist aber bereits klar, dass sich definitiv etwas ändern wird: Schließlich werden ihre Eltern nicht mehr zusammenwohnen wollen. Deshalb stellt sich Lea traurig die Frage, wo sie zukünftig leben soll: bei ihrem Vater oder ihrer Mutter? Und darf sie das überhaupt mitentscheiden?

Die Gesetzeslage

Wenn Eltern sich scheiden lassen, bringt das erst mal viel durcheinander, sodass du vielleicht das Gefühl hast, gar nichts mehr zu sagen zu haben, geschweige denn, mitentscheiden zu dürfen.

Um dir ein bisschen Orientierung zu geben, hier einmal die rechtliche Lage: Wo man nach einer Trennung der Eltern wohnt, richtet sich zunächst nach dem sogenannten Aufenthaltsbestimmungsrecht. Es ist Teil des sogenannten Sorgerechts. Wer das Aufenthaltsbestimmungsrecht bekommt, bestimmt notfalls das Familiengericht, wenn sich die Eltern nicht darüber einigen können. Das Gericht spricht es dann einem Elternteil allein zu, ansonsten teilen es sich beide Elternteile und bestimmen gemeinsam, wo du dich hauptsächlich aufhältst.

Die Eltern können sich das Sorgerecht teilen, aber trotzdem kann nur ein Elternteil das Aufenthaltsbestimmungsrecht haben. Dieser Elternteil kann dann allein über den Wohnort und die Wohnung entscheiden.

Bei der Entscheidung spielt es unter anderem eine Rolle, wo die bisherige soziale Umgebung des Kindes ist, beispielsweise Freunde und Schule, wo die Geschwister leben, welcher Elternteil eine stärkere Bindung zum Kind hat und wer Zeit für die Erziehung aufbringen kann.

Gleichwohl spielen auch deine eigenen Interessen eine wichtige Rolle. Je älter du bist, desto eher wird davon ausgegangen, dass du äußern kannst, wo du gerne leben möchtest, z. B. kann ein 14-Jähriger durchaus ein gewichtiges Wort mitzureden haben. Sollte es zu einem Streit kommen, würdest du sogar von einem Richter dazu angehört werden. Sogar dann, wenn du deutlich jünger bist.

Du solltest von dieser Möglichkeit, deine eigenen Wünsche und Vorstellungen zu äußern, unbedingt Gebrauch machen. Schließlich geht es um dein Wohlbefinden. Häufig versuchen die Beteiligten, dich zu beeinflussen oder dir zu sagen, wofür du dich entscheiden sollst. Wichtig ist aber, dass du dich mit deinem Herzen hinter deinen Wunsch stellen kannst.

Sei mutig. Es lohnt sich.

für SCHLAUMEIER

§ 1626 BGB

Die Eltern haben die Pflicht und das Recht, für das minderjährige Kind zu sorgen (elterliche Sorge). Die elterliche Sorge umfasst die Sorge für die Person des Kindes (Personensorge) und das Vermögen des Kindes (Vermögenssorge).

LIFESTYLE

Wer immer nur funktioniert, entzieht sich dem Abenteuer des Lebens. Deshalb ist es so wichtig, das Leben in seinen unterschiedlichen Facetten wahrnehmen zu können. Abenteuer bedeuten aber auch Gefahr, und so ist es nur logisch, dass allzu junge Menschen vor diesen Gefahren geschützt werden. Aus diesem Grund wollen wir uns in diesem Kapitel den schönen und kreativen Seiten des Lebens und ihren rechtlichen Fallstricken widmen.

AB WANN DARF MAN SICH DIE HAARE FÄRBEN LASSEN?

Der Fall

Nadine (15) ist unheimlich traurig. Eigentlich wollte sie sich eine weiße Strähne färben lassen, um auszusehen wie ihr Idol auf TikTok. Im Kopf hatte sie sich schon ausgemalt, wie sie mit ihrer neuen Frisur die ersten Videos nachstellt. Als sie dann aber endlich im Friseurladen steht, entgegnet ihr der Friseur: «Tut mir leid. Haare färben ohne Eltern leider erst ab 16.»

Traurig verlässt Nadine den Laden. Draußen beschließt sie, sich nicht unterkriegen zu lassen, und sagt sich: «Na, wenn der mir nicht die Haare färben will, dann tut es jemand anders!», und gibt bei Google «nächster Friseursalon» ein. Doch dann kommen ihr Zweifel. Könnte es wohl wirklich ein Gesetz geben, dass unter 16-Jährige sich nicht ohne die Erlaubnis der Eltern die Haare färben lassen können?

Die Gesetzeslage

Tatsächlich gibt es in Deutschland kein gesetzliches Verbot, unter 16-jährigen Menschen die Haare zu färben. Wohl aber EU-Bestimmungen, wonach einige Produkte nicht für unter 16-Jährige bestimmt sind. Dennoch spricht sich der Zentralverband der Friseure dagegen aus, unter 16-Jährigen ohne Zustimmung der Eltern die Haare zu färben: Zu hoch sind die Haftungsrisiken der Friseure, wenn etwas schiefgeht. Daher verzichten in Deutschland viele Friseure ganz darauf. Gesetzlich möglich ist es dennoch.

Friseuren ist dringend zu raten, sich rechtlich abzusichern und sich bei Minderjährigen eine Einverständniserklärung der Eltern vorlegen zu lassen. Willst du selbst dir die Haare färben lassen, nimm im Idealfall ein Elternteil mit – so kann dein Vater oder Mutter gleich seine bzw. ihre ausdrückliche Zustimmung geben.

für SCHLAUMEIER

Kosmetikrichtlinie 76/768/EWG

Der Fall

Finn ist es leid. Ständig wird er von Tim bei Fortnite regelrecht vorgeführt. Und nun steht auch noch ein Turnier an, das mit 5000 Euro dotiert ist. Wenn er doch nur so viele Skills hätte wie Tim!

Plötzlich kommt ihm eine Idee: Neulich war er in einem Chat unterwegs, wo jemand einen Link für ein Aimbotscript eingestellt hatte. Kurzerhand begibt er sich auf die Suche. Und siehe da: In einem Reddit-Forum wird er fündig. Ein paar Klicks über ein paar dubiose Seiten hinweg, und Finn gelangt endlich an die gewünschten Dateien. Nachdem er sie installiert und hinzugefügt hat, macht er einige Testrunden. Mit Erfolg. Es funktioniert tatsächlich. Zwar ist der Bot ziemlich auffällig, weil Finn wirklich alles trifft. Aber er nimmt sich vor, sich zunächst einfach etwas zurückzuhalten, um nicht gleich aufzufallen. Gesagt, getan. Nach kurzer Zeit befinden sich nur noch er und Tim auf der Map. Plötzlich steht Finn unter Feuer. Ohne großartig nachzudenken, dreht er sich um und betätigt vorsorglich die Maustaste. Nach wenigen Augenblicken erscheint das gewünschte Symbol. Victory Royal. Tim ist besiegt. Doch die Freude währt nur kurz. Die Admins hatten Finns Treiben längst bemerkt und stellen ihn zur Rede.

Finn bekommt es mit der Angst zu tun. Muss er jetzt ins Gefängnis?

Die Gesetzeslage

Die Rechtslage rund um Cheating beim Gaming ist bisher noch nicht sonderlich ausgereift. Einige Juristen gehen davon aus, dass es sich bei einer solchen massiven Täuschung um einen Betrug handeln könnte, zumindest dann, wenn es um Preisgeld geht. Je nach Cheat-Variante könnte aber unter Umständen auch eine sogenannte Datenveränderung vorliegen – und die könnte strafbar sein. Zu denken ist außerdem an eine strafbare Computersabotage, so wie bei einer DDos-Attacke. Aktuell wird sogar darüber debattiert, ob man das Anti-Doping-Gesetz um einige Paragraphen für den E-Sports-Bereich erweitert.

Es bleibt also spannend.

Noch gravierender als die strafrechtlichen Folgen sind häufig die zivilrechtlichen Folgen und der Schaden für die Reputation des Spielers.

So haben schon gefeierte Streamer mit einer solchen Cheat-Aktion ihre jahrelang aufgebaute Fanbase zerstört. Wenn dann noch die Sponsoren abspringen und zivilrechtliche Ansprüche auf Schadensersatz gestellt werden, stehen diese Gamer häufig vor dem Ruin. Ich würde also jedem jungen E-Sportler raten, niemals diesen Pfad zu beschreiten. Wie sagte Meister Yoda einst? «Für immer wird es verändern sein Schicksal.»

für SCHLAU-MEIER

§ 263 StGB Betrug

Wer in der Absicht, sich oder einem Dritten einen rechtswidrigen Vermögensvorteil zu verschaffen, das Vermögen eines anderen dadurch beschädigt, dass er durch Vorspiegelung falscher oder durch Entstellung oder Unterdrückung wahrer Tatsachen einen Irrtum erregt oder unterhält, wird mit Freiheitsstrafe bis zu fünf Jahren oder mit Geldstrafe bestraft.

§ 303a StGB Datenveränderung

Wer rechtswidrig Daten (§ 202a Abs. 2) löscht, unterdrückt, unbrauchbar macht oder verändert, wird mit Freiheitsstrafe bis zu zwei Jahren oder mit Geldstrafe bestraft.

IST ES STRAFBAR, EINEN DISSTRACK AUFZUNEHMEN?

Der Fall

Dyma ist immer wieder auf der Suche nach guten Content-Ideen. Nach intensiven Gesprächen mit seinen Kumpels Kyra und Myka kommt er auf die Idee, dass er spaßeshalber die unterschiedlichsten Leute auf Social Media dissen könnte. Hierfür pickt er sich deren Eigenheiten heraus und rappt auf einen Beat einige doch recht beleidigende Zeilen herunter, die er dann mit einem Lob abschließt.

«Banjou du bist meine nächste Beute
Dyma Lichtgestalt des Deutschraps
Sprichst von ‹Good Vibes Only› aber
 hast'n Flow wie'n Stausee
Frag deinen Spiegel, wer der beste Rapper im Land ist.
Und du siehst in meinem Antlitz
Meine Lines hau'n dich aus den hässlichen Latschen
Zum Dank bekomme ich den blauen Haken
Bei deinem Merch kommt Dyma mit der Fashion Police
Gib mir deinen 500er ich kauf dir freshe Pullis
Eins muss ich dir lassen, deine Familie ist wirklich nett
deine Tante Banjou bringt mir Frühstück ans Bett
Dyma macht Rap gnadenlos wie Kampfsport
Doc Felix, Kudat und Herr Anwalt eilen zum Tatort
Immer wenn du was hochlädst ist ein Trauertag
Zeig mir einen Fan, der deine TikToks mag
Banjou deine Mukke kann man sich echt nicht geben
Folgt mir und ihr habt das ‹Beste Leben›

Aber Spaß beiseite Onkel, du bist wie Verwandtschaft
Revanchier dich mit einem Disstrack, der Neffe Dyma
plattmacht.»

Banjou ist absolut cool mit dem Track, hat er sich doch zuvor mit Dyma abgesprochen. Dennoch fragen sich einige Zuschauer, ob man überhaupt solche Disstracks aufnehmen und veröffentlichen darf. Liegt hier gegebenenfalls eine Beleidigung vor?

Die Gesetzeslage

Disstracks und Battleraps haben sich über die letzten Jahrzehnte als besondere Kunstform innerhalb der Rapszene etabliert. Hierbei geht es häufig deutlich rauer zu als im gezeigten Beispiel.

Betrachtet man lediglich die einzelnen Abschnitte, so könnte in der Tat ganz formal gesehen eine Beleidigung vorliegen. Allerdings berufen sich viele Rapper – und das nicht zu Unrecht – auf ihre Kunstfreiheit. Kunst ist nach der Auslegung durch deutsche Gerichte all das, wodurch Eindrücke, Erfahrungen und Erlebnisse des Künstlers zum Ausdruck kommen. Hierbei können durchaus auch derbere Sätze erlaubt sein. Dies trifft auf viele der gerappten Zeilen durchaus zu.

Sofern aber die vermeintliche Kunst dafür genutzt wird, einzig und massiv die Menschenwürde einer anderen Person zu verletzen oder sogar als Aufruf zur Gewalt gegenüber dieser Person verstanden werden kann, kann die Kunstfreiheit zurücktreten.

Es muss also je nach Einzelfall abgewogen werden, ob nun eine strafbare Beleidigung oder straflose Kunst vorliegt. Im genannten Beispiel dürfte es sich um straflose Kunst handeln, zumal der Text mit der betroffenen Person abgesprochen worden ist.

Und wer selbst ein echter Battle-Rapper ist, dürfte sehr schnell seine Credibility verlieren, wenn er seine Kollegen nach einem Disstrack anzeigt.

Wenn du einen Disstrack planst oder selbst damit konfrontiert bist, solltest du dir immer folgende Kriterien vor Augen halten:

1. Wer ist der Gegner der Zeilen? Kinder, schwächere Personen oder Rapperkollegen? Erstere: eher Beleidigung, Zweitere: eher Kunst.

2. Wie ausgefeilt sind die Lyrics? Plumpe stereotypische Beschimpfungen oder feine, scharfe Lines? Erstere: eher Beleidigung, Zweitere: eher Kunst.

3. Gibt es einen Anknüpfungspunkt für die Lines? Also Ereignisse in der Realität, die bewertet werden können, oder bestehen sie aus rein fiktiven Behauptungen unter der Gürtellinie? Erstere: eher Kunst, Zweitere: eher Beleidigung.

Ganz auf der sicheren Seite ist man mit der Beantwortung natürlich nicht, aber es erleichtert die spätere Argumentation, sofern es Probleme geben sollte.

für SCHLAUMEIER

§ 185 StGB Beleidigung

Die Beleidigung wird mit Freiheitsstrafe bis zu einem Jahr oder mit Geldstrafe und, wenn die Beleidigung mittels einer Tätlichkeit begangen wird, mit Freiheitsstrafe bis zu zwei Jahren oder mit Geldstrafe bestraft.

Art. 5 Abs. 3 GG Kunstfreiheit

Kunst und Wissenschaft, Forschung und Lehre sind frei. Die Freiheit der Lehre entbindet nicht von der Treue zur Verfassung.

AB WANN DARF MAN SHISHA IN EINER SHISHA-BAR RAUCHEN?

Der Fall

Ibo ist 15 und freut sich schon extrem aufs Wochenende. Am Samstag will er das erste Mal mit seinem Bruder in eine Shisha-Bar gehen. All seine Kumpels haben ihm schon davon berichtet. Zwar ist Ibo sich nicht sicher, ob sie ihn vielleicht nur anlügen, aber in jedem Fall will er selbst das Ganze dann mit seinem Smartphone festhalten, um vor seinen Kumpels anzugeben.

Aber darf Ibo mit 15 überhaupt eine Shisha in der Shisha-Bar konsumieren?

Die Gesetzeslage

Auch wenn es ein paar der Betreiber nicht immer ganz so genau nehmen: Ein Konsum in der Bar wäre Ibo nicht erlaubt, denn gemäß § 10 des Jugendschutzgesetzes dürfen Tabakwaren nicht an Kinder und Jugendliche abgegeben werden.

Daher ist es Personen unter 18 Jahren verboten, nikotinhaltige Shishas oder E-Shishas in einer Shisha-Bar zu konsumieren. Betreibern, die gegen diese Vorschriften verstoßen, droht ein empfindliches Bußgeld.

Die oben erwähnten Regelungen gelten jedoch lediglich für nikotinhaltige Tabakwaren und E-Shishas, in denen nikotinhaltige und nikotinfreie Liquids konsumiert werden.

Möglich bleibt hingegen der Konsum und die Abgabe von nikotinfreien Dampfsteinen auch an unter 18-Jährige. Ibo könnte also im Prinzip damit seine Fotos machen. Muss er aber auch nicht. Gleichwohl solltest du auch diese Dinge mit deinen Eltern besprechen und die Räume, in denen konsumiert wird, immer gut lüften.

für SCHLAUMEIER

§ 10 Jugendschutzgesetz Rauchen in der Öffentlichkeit, Tabakwaren

(1) In Gaststätten, Verkaufsstellen oder sonst in der Öffentlichkeit dürfen Tabakwaren und andere nikotinhaltige Erzeugnisse und Behältnisse an Kinder oder Jugendliche weder abgegeben noch darf ihnen das Rauchen oder der Konsum nikotinhaltiger Produkte gestattet werden. (…)

(4) Die Absätze 1 bis 3 gelten auch für nikotinfreie Erzeugnisse, wie elektronische Zigaretten oder die elektronische Shishas, in denen Flüssigkeit durch ein elektronisches Heizelement verdampft und die entstehenden Aerosole mit dem Mund eingeatmet werden, sowie für deren Behältnisse.

Darf man im Schwimmbad fremde Menschen filmen?

Der Fall

Ellie hat sich schon seit langer Zeit auf diesen Moment gefreut: Der erste Tag der Ferien, und das Wetter ist einfach traumhaft! Ideal für das Freibad, wo sie sich mit ihrer Freundin Isabella verabredet hat. Dort angekommen, fallen sich Ellie und Isabella begeistert in die Arme. «Du siehst so toll aus Isabella», strahlt Ellie. «Nein, *du bist* toll Ellie! Und dein Bikini erst», lacht Isabella zurück. Doch die Freude währt nur kurz. Aus dem Augenwinkel erkennt Ellie, wie eine Gruppe von Jungs ihre Smartphones zücken und beginnen, die beiden zu filmen. «Könnt ihr das mal lassen, ihr Vögel?», ruft Ellie den Jungs verärgert zu. Diese lachen aber nur und filmen weiter.

Ellie ist unfassbar sauer. Wutentbrannt stapft sie in Richtung Bademeister. Ist es nicht auch gesetzlich verboten, andere Leute ungefragt zu filmen oder zu fotografieren?

Die Gesetzeslage

In den meisten Schwimmbändern ist bereits in der Badeordnung festgelegt, dass das Fotografieren oder Filmen anderer Personen verboten ist. Aber es existieren auch Gesetze, die ganz allgemein genau dies verbieten.

Werden Personen ohne ihre Einwilligung gezielt fotografiert, dann kann dies ihr Allgemeines Persönlichkeitsrecht verletzen. Sollten die Fotografen dann auch noch auf die dumme Idee kommen, diese Fotos irgendwo zu veröffentlichen, ohne sich dafür die erforderliche Einwilligung zu holen, dann handelt es sich sogar um eine Straftat nach §§ 33, 22 Kunsturhebergesetz.

Wenn Personen allerdings nur als «Beiwerk» auf den Fotos zu erkennen sind, kann unter Umständen die Veröffentlichung eines Fotos in Ordnung gehen; z. B., wenn man sein neues Auto fotografiert, auf Instagram postet und dann erst sieht, dass im Hintergrund jemand zufällig durchs Bild gelaufen ist.

Solltest du irgendwo Fotos oder Videos von dir entdecken, die ohne dein Wissen oder gegen deinen Willen gemacht und online gestellt worden sind, kannst du die entsprechende Person anzeigen, über einen Anwalt abmahnen und die entsprechenden Fotos auf der jeweiligen Plattform melden. Es ist auch möglich, von demjenigen, der die Fotos veröffentlicht hat, Schadensersatz zu verlangen – in jedem Fall aber, dass er die Fotos von der betreffenden Plattform nimmt.

für Schlaumeier

Bundesverfassungsgericht:

«Im Sinne des obersten Konstitutionsprinzips der ‹Würde des Menschen› (Art. 1 Abs. 1 GG), die engere persönliche Lebenssphäre und die Erhaltung ihrer Grundbedingungen zu gewährleisten, die sich durch die traditionellen konkreten Freiheitsgarantien nicht abschließend erfassen lassen; diese Notwendigkeit besteht namentlich auch im Blick auf moderne Entwicklungen und die mit ihnen verbundenen neuen Gefährdungen für den Schutz der menschlichen Persönlichkeit.»

§ 22 KunstUrhG

Bildnisse dürfen nur mit Einwilligung des Abgebildeten verbreitet oder öffentlich zur Schau gestellt werden. Die Einwilligung gilt im Zweifel als erteilt, wenn der Abgebildete dafür, daß er sich abbilden ließ, eine Entlohnung erhielt. Nach dem Tode

des Abgebildeten bedarf es bis zum Ablaufe von 10 Jahren der Einwilligung der Angehörigen des Abgebildeten. Angehörige im Sinne dieses Gesetzes sind der überlebende Ehegatte oder Lebenspartner und die Kinder des Abgebildeten und, wenn weder ein Ehegatte oder Lebenspartner noch Kinder vorhanden sind, die Eltern des Abgebildeten.

Der Fall

Mirella (14) ist extrem aufgeregt. Billie Eilish ist bald auf Deutschlandtournee und gibt im nächsten Jahr sogar ein Konzert in Frankfurt. Das ist gerade einmal 43 Kilometer von ihrem Wohnort entfernt! Rasch überredet sie ihre Eltern, mit ihr gemeinsam zu versuchen, die begehrten Tickets nachts um 0 Uhr zu kaufen. Und tatsächlich: Mirella schafft es, zwei der Karten zu ergattern.

Sofort ruft sie ihre Freundin Emma an, und beide flippen förmlich aus – bis ihre Mutter in der Tür steht. «Mirella, dir ist klar, dass *ich* mit aufs Konzert komme, oder?» Mirella ist entsetzt: «Was?! Ich will aber doch mit Emma hin!» Doch ihre Mutter bleibt hartnäckig: «Laut Gesetz darf man erst ab 18 allein auf diese Konzerte. Ich gehe mit!» – und mit diesen Worten schließt sie die Tür hinter sich.

Mirella ist den Tränen nahe. Sie hatte es sich mit ihrer besten Freundin so schön ausgemalt: Sie beide vor der Bühne, ganz nah bei Billie!

Aber stimmt es eigentlich, dass sie als 14-Jährige nicht allein auf ein Konzert gehen darf?

Die Gesetzeslage

Es besteht Hoffnung für Mirella, ihre Mutter noch überzeugen zu können: Denn im Gegensatz zu Clubbesuchen, die als öffentliche Tanzveranstaltung gelten, ist ein Konzertbesuch nicht von den diesbezüglichen Vorschriften umfasst. Das wiederum bedeutet, dass es kein gesetzliches Mindestalter für Jugendliche gibt, ab dem sie ein Konzert besuchen dürfen.

Aber Achtung! Die Konzertveranstalter können von sich aus

eine entsprechende Altersgrenze festlegen. Es würde also nicht überraschen, wenn bei einem Rammstein-Konzert die Altersgrenze vom Veranstalter beispielsweise auf 16 Jahre gelegt werden würde.

Wäre bei Billie Eilish das Mindestalter auf 12 gelegt, könnte Mirella mit ihrer Freundin Emma dort also auch allein teilnehmen, sofern ihre Mutter dies erlaubt.

Eltern und Kinder sollten sich die entsprechenden Konzertbedingungen gemeinsam genau ansehen und dann entscheiden, wie sie es handhaben wollen. Vielleicht spielt auch die Uhrzeit eine Rolle, die Entfernung zum Wohnort oder wie viele Besucher erwartet werden. Zwar gibt es – anders, als oft behauptet wird – keine gesetzliche Pflicht, dass Kinder zu einer bestimmten Uhrzeit zu Hause sein müssen. Aber natürlich möchten Eltern ihre Sprösslinge nicht nachts um zwei nach einem Konzert auf einem Parkplatz suchen müssen. Vielleicht kannst du dich mit deinen Eltern darauf verständigen, das erste Mal gemeinsam auf ein Konzert zu gehen (ihr müsst ja nicht die ganze Zeit nebeneinanderstehen). So könnt ihr die entsprechenden Abläufe üben.

für SCHLAUMEIER

§ 5 JuSchG

1) Die Anwesenheit bei öffentlichen Tanzveranstaltungen ohne Begleitung einer personensorgeberechtigten oder erziehungsbeauftragten Person darf Kindern und Jugendlichen unter 16 Jahren nicht und Jugendlichen ab 16 Jahren längstens bis 24 Uhr gestattet werden.

Der Fall

Der 15-jährige Marius hat es satt, dass ihn die anderen Jungs aufgrund seines schmächtigen Äußeren immer hänseln. Gerne wäre er so stark und definiert wie sein Idol Shred. Seit einigen Wochen trainiert Marius deswegen in seinem Zimmer und sieht auch schon einige Erfolge. Jetzt würde er gerne einen Schritt weiter gehen und sich im Fitnessstudio anmelden. Die Enttäuschung ist jedoch groß, als er feststellen muss, dass das nächstgelegene Studio erst Mitglieder ab 16 Jahren aufnimmt. Er fragt sich daher: Gilt diese Altersgrenze eigentlich überall? Muss er jetzt noch ein ganzes Jahr ein halber Hering bleiben? Und müssten seine Eltern dem Fitnessstudiobesuch eigentlich zustimmen?

Die Gesetzeslage

Es existiert in Deutschland keine gesetzliche Regelung, die dir vorschreiben kann, ab wann du im Fitnessstudio trainieren darfst.

Viele Fitnessstudios bieten daher schon ein Training ab 16 Jahren an. Voraussetzung dafür ist grundsätzlich die Einverständniserklärung der Eltern. Ein paar Fitnessketten ermöglichen sogar ein Training für unter 16-Jährige. Häufig wird dann jedoch gefordert, dass ein Elternteil beim Training dabei sein muss. Die Gründe liegen auf der Hand: Die Gefahr ist einfach zu groß, dass der Studiobetreiber dafür aufkommen muss, wenn der Jugendliche sich selbst oder andere beim Training verletzt. Es sollte für Marius also nicht unmöglich sein, ein entsprechendes Studio ausfindig zu machen – falls seine Eltern mitspielen.

Als Alternative zum Fitnessstudio bieten sich auch Sportarten wie Ringen, Rudern oder Turnen an, die man im Sportverein auch schon in jüngeren Jahren ausüben kann. Die dort aktiven Sportler absolvieren zumeist ein gesundes, verantwortungsvolles Training und schaffen es trotzdem innerhalb weniger Jahre vom Lauch zum Babo. Ganz nebenbei lernen sie dadurch auch zahlreiche Freunde kennen. Guck doch mal bei deinem Sportverein vorbei. Nicht selten verfügen diese Vereine auch über eigene Krafträume – und vielleicht ist eine Anmeldung im Fitnessstudio mit 16 dann gar nicht mehr nötig.

für SCHLAUMEIER

§ 1626 BGB Elterliche Sorge

(1) Die Eltern haben die Pflicht und das Recht, für das minderjährige Kind zu sorgen (elterliche Sorge). Die elterliche Sorge umfasst die Sorge für die Person des Kindes (Personensorge) und das Vermögen des Kindes (Vermögenssorge).

MUSS MICH EIN RESTAURANTBETREIBER IM NOTFALL AUF DIE TOILETTE LASSEN?

Der Fall

«Oh Mann. Ich hätte heute Morgen nicht die Wasserflasche exen sollen», murmelt Kyra vor sich hin, als er verzweifelt auf der Suche nach einem Geschenk für seine Freundin durch die Stadt hetzt. Was soll er denn jetzt bloß machen? Eigentlich hat er es schon die ganze Zeit verdrängt, aber jetzt hält er es einfach nicht mehr aus. Es fehlt nicht mehr viel, und er macht sich in die Hose.

Zum Glück sieht er 30 Meter weiter vor sich das allseits beliebte Restaurant «Zur zweiten Instanz» und beschließt, sein Glück dort zu versuchen.

Dort angekommen, macht er sich schnurstracks auf den Weg in Richtung Toilette. Nur noch drei Meter. «Halt, haben Sie vor, auch etwas zu essen oder zu trinken, junger Mann?», spricht ihn jemand von der Seite an. Es ist die Kellnerin, die ihn mit mürrischem Blick mustert. «Äh, ich wollte eigentlich nur kurz die Toilette aufsuchen, wenn ich dürfte», entgegnet Kyra ihr. «Nein, dürfen Sie nicht. Wir sind nämlich ein Restaurant und kein Bahnhofsklo.» Kyra rollt mit den Augen. «Na gut, passen Sie auf, ich gehe auf Toilette, und dann bestelle ich einen Kaffee. Ich lasse meine Jacke dort an dem Platz.» Die Kellnerin nickt und bewegt sich in Richtung Theke. Kyras Panik weicht der Erleichterung. Aber während er sich hinterher die Hände wäscht, fragt er sich: Durfte die Kellnerin mir eigentlich verbieten, die Toilette zu benutzen?

Die Gesetzeslage

Es mag für viele eine große Überraschung darstellen, aber grundsätzlich sind Restaurantbetreiber nicht verpflichtet, fremde Menschen auf ihre Toilette gehen zu lassen. Sie üben dabei ihr Hausrecht aus. Der Gaststättenbetreiber kann es zur Bedingung machen, dass der Besucher etwas im Laden konsumieren muss, um diese Leistung in Anspruch zu nehmen. Eine Ausnahme von diesem Grundsatz liegt jedoch dann vor, wenn es sich um einen absoluten Notfall handelt. Dies ist aber nicht dann schon der Fall, wenn man nur einen gewöhnlichen Drang verspürt, auf Toilette zu gehen.

Wenn es allerdings wirklich 5 vor 12 ist und du bereits körperliche Schmerzen hast, solltest du dem Wirt dies mitteilen. Dieser könnte sich ansonsten ggf. sogar wegen einer unterlassenen Hilfeleistung strafbar machen.

Auch bei kleinen Kindern dürfte eine besondere Ausnahmesituation vorliegen.

In meinen Feldversuchen haben sich zwei Möglichkeiten herauskristallisiert, die in der Praxis sehr gut funktionieren: Zum einen kannst du direkt nach dem Betreten des Restaurants der Belegschaft die Zahlung von einem Euro für die Benutzung der Toilette anbieten. In den allermeisten Fällen wird sie dieses Angebot ablehnen und dir sagen, dass du kostenlos auf die Toilette gehen kannst. Zum anderen solltest du in einem wenig besuchten Laden, in dem du ohnehin direkt auffällst, nicht geradewegs die Toilette ansteuern, sondern deine Bitte ruhig etwas lauter an die Belegschaft formulieren, sodass die anwesenden Gäste etwas davon mitbekommen. Die Belegschaft fühlt sich dann in einer gewissen Bringschuld, deiner freundlich (!) vorgetragenen, völlig normalen Bitte nachzukommen.

für SCHLAU-MEIER

§ 903 BGB S. 1 Befugnisse des Eigentümers

Der Eigentümer einer Sache kann, soweit nicht das Gesetz oder Rechte Dritter entgegenstehen, mit der Sache nach Belieben verfahren und andere von jeder Einwirkung ausschließen.

§ 858 I BGB Verbotene Eigenmacht

Wer dem Besitzer ohne dessen Willen den Besitz entzieht oder ihn im Besitz stört, handelt, sofern nicht das Gesetz die Entziehung oder die Störung gestattet, widerrechtlich (verbotene Eigenmacht).

Der Fall

Mario (15) ist frustriert. Heute war er in der Schule, und all seine Kumpels haben ihm vom neuen Playstation 5 Horrorgame «Tick Tack – deine Zeit läuft ab» erzählt. Am Mittagstisch berichtet er seiner Mutter davon und fragt, ob sie ihm dieses Spiel kaufen könne. Eine kurze Recherche der versierten Mutter Lauri ergibt jedoch, dass dieses Spiel ein USK 16-Label aufweist. «Tut mir leid Mario, aber das ist ganz sicher nicht für dich geeignet», erklärt sie ihm.

«Aber alle in meiner Klasse zocken das! Und außerdem ist das nur eine Empfehlung!», fleht Mario sie an. Doch Lauri bleibt hart: «Solche Spiele kommen mir nicht ins Haus, Mario! Das hat schon einen Sinn, dass da ‹ab 16› draufsteht.»

Wütend verlässt Mario die Küche und verkriecht sich in seinem Zimmer. Dort beginnt er zu grübeln. Wo hatte er noch mal gelesen, dass diese Angabe gar kein Gesetz ist, sondern nur eine gutgemeinte Empfehlung an die Eltern?

Und: Stimmt das?

Die Gesetzeslage

Die etwas kryptische Bezeichnung «USK 18» steht für «Unterhaltungssoftware Selbstkontrolle». Die USK ist die freiwillige Selbstkontrolle der Computerspielewirtschaft und prüft Computerspiele dahingehend, für welche Altersgruppe das Spiel geeignet ist. Dabei spielen z. B. Kriterien wie Gewaltdarstellung eine Rolle. Die Zahl dahinter gibt dabei das Alter an, ab dem die Spiele empfohlen werden.

Es gibt entsprechende Labels: «Ohne Altersbeschränkung» und dann für die Altersstufen 6, 12, 16 und 18/Keine Jugendfreigabe.

Erwachsenen ist es damit erst einmal nicht erlaubt, einem Kind oder Jugendlichen das Spiel zu überlassen oder den Minderjährigen damit zu konfrontieren, wenn das Kind nicht das entsprechende Alter hat. Dies regelt das Jugendschutzgesetz.

Anders ist es jedoch bei sorgeberechtigten Erwachsenen: Eltern dürfen aufgrund ihres Erziehungsprivilegs entscheiden, ob ihre Kinder das Spiel privat zu Hause spielen dürfen oder nicht. Wenn hierdurch jedoch das Kindeswohl gefährdet ist, können Behörden und Gerichte dem einen Riegel vorschieben. So hat bereits ein Gericht z. B. entschieden, dass es eine Kindeswohlgefährdung darstellt, wenn man einen 10-Jährigen ein Spiel mit USK 18 (Call of Duty) spielen lässt. Eine Entscheidung, die man aufgrund der doch sehr deutlichen Altersdifferenz durchaus nachvollziehen kann.

Eltern und Kinder sollten hier ein gesundes Mittelmaß finden. Oftmals hilft es, wenn du über die Spiele und Inhalte mit deinen Eltern sprichst. Für die Eltern wiederum ist es wichtig, sich früh dafür zu interessieren, was ihre Kinder so zocken, sonst verlieren sie den Anschluss und den Überblick. Sicherlich wird kein Gericht einem Elternteil das Sorgerecht entziehen, wenn es einem 15-Jährigen ein USK 16-Spiel überlässt. USK 18-Spiele gehören aber sicherlich nicht in die Hände von 9-Jährigen, da diese die Inhalte und das Ausmaß der dort gezeigten Gewalt schlichtweg nicht verarbeiten können.

für SCHLAUMEIER

Amtsgericht Bad Hersfeld 63 F 290/17

§ 27 IV JuSchG

Absatz 1 Nr. 1 und 2 und Absatz 3 Nr. 1 sind nicht anzuwenden, wenn eine personensorgeberechtigte Person das

Medium einem Kind oder einer jugendlichen Person anbietet, überlässt oder zugänglich macht. Dies gilt nicht, wenn die personensorgeberechtigte Person durch das Anbieten, Überlassen oder Zugänglichmachen ihre Erziehungspflicht gröblich verletzt.

Jacke weg – Bekomme ich eine Entschädigung vom Clubbetreiber?

Der Fall

Alina ist außer sich vor Freude. Endlich haben die Clubs wieder geöffnet, und sie kann mit ihren Freundinnen feiern gehen. Und tatsächlich ist es einfach eine grandiose Nacht, die erst endet, als der DJ «Time of my life» auflegt und ankündigt, dass es der letzte Track des Abends wäre. Die Lichter gehen an, und gemeinsam mit ihren Freundinnen macht sich Alina auf den Weg zur Garderobe. Dort zeigt sie ihren Coupon vor, den sie bei Abgabe der Jacke im Tausch gegen einen Euro erworben hatte.

Doch trotz intensiver Suche kann die junge Frau an der Ausgabe ihre Lederjacke nicht finden. «Tut mir leid, bist du sicher, dass du eine Lederjacke abgegeben hast?», fragt die Clubangestellte. Alina ist empört: «Ganz sicher, und die war richtig teuer! 300 Euro! Ich möchte jetzt sofort meine Jacke – oder Ersatz haben.» Die Angestellte schaut sie nur stumm an und zeigt auf ein kleines Schild an der Seite auf dem kleingedruckt steht: «Für die Garderobe wird keine Haftung übernommen.»

Alina wird plötzlich ganz mulmig zumute. Kann es denn tatsächlich sein, dass ihre Jacke nun einfach weg ist und sie keinen Ersatz dafür erhält? Und warum bezahlt sie dann überhaupt dafür, wenn doch keiner drauf aufpasst?

Die Gesetzeslage

Alinas Bauchgefühl trügt sie nicht: Tatsächlich kann der Discobetreiber nicht so einfach die Haftung ausschließen und müsste ihr den Schaden ersetzen. Dafür sprechen gleich mehrere Gründe: Da Alina für die Verwahrung der Jacke einen Euro bezahlt hat, kann sie davon ausgehen, dass sie mit dem Discobetreiber einen Vertrag darüber geschlossen hat, dass dieser die Jacke für sie *sicher* aufbewahrt. Diese Pflicht kann der Betreiber nicht einfach durch ein Schild ausschließen. Darüber hinaus ist dieser häufig verwendete Ausschluss viel zu pauschal, denn dann könnte ein Mitarbeiter die Jacke einfach auf den Boden feuern oder direkt an die Eingangstür hängen. Auf eine so pauschale Bedingung muss der Besucher sich nicht einlassen. Außerdem ist es in Clubs üblich, dass die Garderobe nicht direkt an der Tanzfläche oder der Bar ist und der Discobesucher seine Jacke auch nicht im Blick behalten kann.

Wichtig zu erwähnen in diesem Zusammenhang: Die Pflicht der Betreiber, die ihm anvertrauten Dinge sicher aufzubewahren, beschränkt sich natürlich nur auf die Dinge, die für seine Angestellten auch sichtbar waren. Wenn du also einen besonders teuren Schal oder sogar Wertsachen in deiner Jacke deponierst, wirst du hinterher Schwierigkeiten haben, zu beweisen, dass sie tatsächlich in der Jacke waren. Nicht selten ist ihr Verlust dann auch der größte. Deshalb solltest du Handy, Portemonnaie und Co. auch im Club unbedingt immer bei dir haben.

für SCHLAU-MEIER

§ 688 BGB Vertragstypische Pflichten bei der Verwahrung

Durch den Verwahrungsvertrag wird der Verwahrer verpflichtet, eine ihm von dem Hinterleger übergebene bewegliche Sache aufzubewahren.

§ 307 I BGB

Bestimmungen in Allgemeinen Geschäftsbedingungen sind unwirksam, wenn sie den Vertragspartner des Verwenders

entgegen den Geboten von Treu und Glauben unangemessen benachteiligen. Eine unangemessene Benachteiligung kann sich auch daraus ergeben, dass die Bestimmung nicht klar und verständlich ist.

STRAFRECHT

Wenn man alle Gesetze studieren wollte, hätte man gar keine Zeit mehr, sie zu übertreten. Stolze 5,3 Millionen Straftaten wurden 2019 in Deutschland registriert. Grund genug, dass wir uns einmal genauer mit häufigen Fragestellungen zu diesem Bereich beschäftigen, um zu klären, ob eine Strafbarkeit vorliegt oder nicht.

Der Fall

Zwischen Clara und Paul herrscht mal wieder dicke Luft. Paul hat öffentlich von einem anderen Mädchen geschwärmt. Das geht für Clara gar nicht, und deswegen ist sie stinksauer auf ihn. Als sie Paul kurz darauf auf dem Schulflur mit diesem Mädchen sieht, brennt bei ihr eine Sicherung durch, und sie gibt Paul eine schallende Ohrfeige. Der ist nicht begeistert. Da Clara im Begriff ist, ein weiteres Mal zuzulangen, will er Clara auch eine Ohrfeige geben. Da raunt ihm sein Freund Ben zu: «Mädchen darf man nicht schlagen!»

Paul ist perplex. Stimmt das? Dürfte man sich als Mann nicht gegen eine Frau wehren und sie zurückschlagen?

Die Gesetzeslage

Doch, dürfte man. Das Recht zur Notwehr unterscheidet nicht zwischen den Geschlechtern und den oft damit verbundenen körperlichen Unterschieden. Notwehr ist jede Verteidigungshandlung, die erforderlich ist, um einen gegenwärtigen rechtswidrigen Angriff von sich oder einem anderen abzuwenden.

Es wird im Gesetz nicht vorgegeben, dass dieser Angriff von einem Mann ausgehen muss, damit man sich in Notwehr verteidigen und wehren darf.

Also ist eine Handlung erlaubt, die dazu geeignet ist, den Angriff sicher zu beenden. Jedoch dürfen die Handlung und die drohende Gefährdung nicht völlig unausgeglichen sein. Wenn eine körperlich deutlich unterlegende Person dich ein wenig zwickt, solltest du ihr als Antwort vielleicht nicht unbedingt die Nase brechen.

So oder so, egal ob Mann oder Frau: Schläge sind nie eine angemessene Reaktion auf Ärger oder Frust. Clara sollte sich daher im Griff haben und vorsichtig sein, da Paul sich in Notwehr verteidigen dürfte.

Damit es sich um Notwehr handelt, muss es sich um einen «gegenwärtigen» Angriff handeln, er muss also gerade stattfinden. Wenn Paul erst mal nach Hause fahren und Clara am nächsten Tag eine Ohrfeige zurückgeben würde, dann wäre diese Handlung nicht mehr von seinem Notwehrrecht abgedeckt. Dafür müsste der Angriff nämlich unmittelbar bevorstehen, gerade stattfinden oder noch andauern – was nicht mehr der Fall ist. Besser wäre es allerdings, wenn die beiden über Claras Eifersucht sprechen würden, ohne Gewalt.

für SCHLAUMEIER

§ 32 StGB

(1) Wer eine Tat begeht, die durch Notwehr geboten ist, handelt nicht rechtswidrig.

(2) Notwehr ist die Verteidigung, die erforderlich ist, um einen gegenwärtigen rechtswidrigen Angriff von sich oder einem anderen abzuwenden.

KANN MAN EINE STRAFTAT BEIM SCHLAFWANDELN BEGEHEN?

Der Fall

Papa Basti hat Post von der Polizei bekommen. Er soll nachts das Auto seines Nachbarn demoliert haben. Papa Basti ist empört: Niemals würde er so etwas tun! Außerdem würde er sich ja wohl daran erinnern. Er habe auch gar keinen Grund, seinem Nachbarn so etwas anzutun, beteuert er! Sie sind schließlich befreundet. Die Überwachungskamera auf dem Grundstück des Nachbarn hat jedoch eindeutig Papa Basti bei der Tat gefilmt. Im Schlafanzug! Da erinnert ihn seine Frau daran, dass er regelmäßig schlafwandelt. Vielleicht war es auch in dieser Nacht so? Und wenn es so war: Erwartet Papa Basti nun eine Strafe, obwohl er doch geschlafwandelt ist?

Die Gesetzeslage

Die Antwort lautet: nein! Ein strafbares Verhalten ist nur gegeben, wenn eine Handlung vorliegt. Dabei wird als Handlung jedes vom menschlichen Willen beherrschte oder beherrschbare «erhebliche Verhalten» verstanden. Schlafwandelnd hatte Papa Basti keine Möglichkeit, Einfluss auf sein Handeln zu nehmen. Sein Schlafwandeln war nicht von seinem Willen beherrscht, sondern passierte einfach so, ohne dass ihm überhaupt bewusst war, was geschah. Damit liegt auch kein strafrechtliches relevantes Handeln vor.

Papa Basti ist damit straflos.

Ein weiteres Beispiel wären Handlungen aus Reflex. Wenn beispielsweise ein Arzt mit einem Hämmerchen auf eine bestimmte Stelle deines Knies haut, kann er dadurch einen körperlichen Reflex auslösen. Wenn du dabei dann eine wertvolle Vase auf seinem

Tisch umtrittst und diese kaputtgeht, war deine Reflexbewegung kein Handeln im strafrechtlichen Sinne. Der Begriff des Reflexes darf aber nicht leichtfertig verwandt werden und wird im allgemeinen Sprachgebrauch viel zu häufig benutzt, obwohl tatsächlich ein von deinem Willen gesteuertes Handeln vorliegt.

Wenn man weiß, dass jemand Schlafwandler ist, sollte man gewisse Vorkehrungen treffen, wie z. B. die Haustür abschließen und den Schlüssel abziehen. So kann man zum einen verhindern, dass der Schlafwandler etwas anstellen kann. Zum anderen dient es aber auch dem Schutz des Schlafwandlers selbst.

für SCHLAUMEIER

§ 15 StGB Vorsätzliches und fahrlässiges Handeln

Strafbar ist nur vorsätzliches Handeln, wenn nicht das Gesetz fahrlässiges Handeln ausdrücklich mit Strafe bedroht.

Der Fall

Mama Anne ist mit ihren beiden Söhnen unterwegs. Da sie schon den ganzen Tag ihre Nerven strapazieren, ist sie ziemlich gereizt. Dann wird sie auch noch von der Polizei angehalten, weil sie zu schnell gefahren sei. Nun ist ihre Laune ganz tief im Keller. Als der Polizist höflich nach ihrem Führerschein fragt, antwortet Mama Anne dementsprechend patzig: «Hier, da hast du meinen Ausweis!» Der Polizist ist perplex und entgegnet: «Das war Beamtenbeleidigung.»

Ist das so? Hätte Mama Anne den Polizisten siezen müssen und hat sie sich durch das Duzen strafbar gemacht?

Die Gesetzeslage

Es kommt drauf an! Das Du ist eine persönliche Anrede. Für gewöhnlich siezen sich Erwachsene in Deutschland zunächst untereinander, bis einer dem anderen das Du anbietet. Meist bietet der Ältere dem Jüngeren das Du an. Außerdem ist es üblich, dass Minderjährige Erwachsene siezen. Im engeren Familien- oder Freundeskreis hingegen duzen sich die Personen meist.

Ein Polizist ist jedoch erst einmal keine Person aus einem solchen Kreis, sondern eine fremde Amtsperson. Für gewöhnlich hat man nur mit Polizisten Kontakt, wenn sie im Dienst sind. Dementsprechend sollten auch gegenüber Polizisten die gewohnten Umgangsformen, also das Siezen, beachtet werden. Es kann nämlich sein, dass das Duzen als bewusstes Zeichen der Missachtung verstanden wird, und das kann dann teuer werden. Hierbei kommt es sehr auf den Einzelfall an und auch ein wenig auf die Situation und die sonstigen Umgangsgepflogenheiten der Personen.

Wenn einem mal unabsichtlich ein Du herausrutscht, muss dies nicht immer gleich zu einer Anzeige führen, denn in diesem Fall wollte man nicht bewusst seine Missachtung ausdrücken. Auch bei Mama Anne ist ein solch beleidigender Charakter nicht erkennbar. Sie hat den Polizisten nur im Eifer des Gefechts geduzt. Trotzdem wäre es höflicher gewesen, den Polizisten zu siezen. Strafbar hat sie sich jedoch nicht gemacht.

Übrigens, auch wenn immer wieder das Gerücht herumgeht: Einen Paragraphen oder eigenen Straftatbestand «Beamtenbeleidigung» gibt es nicht! Auch das Beleidigen eines Polizeibeamten fällt, wie jede andere Beleidigung auch, unter den Tatbestand des § 185 StGB.

Sei im Umgang mit der Polizei vorsichtig und wähle deine Worte generell mit Bedacht. Es gibt eigentlich kaum Situationen, in denen ein respektloses Auftreten irgendeinen tieferen Sinn hätte. Meist wird die Situation dadurch nur verschlimmert.

für SCHLAUMEIER

§ 185 StGB

Die Beleidigung wird mit Freiheitsstrafe bis zu einem Jahr oder mit Geldstrafe und, wenn die Beleidigung mittels einer Tätlichkeit begangen wird, mit Freiheitsstrafe bis zu zwei Jahren oder mit Geldstrafe bestraft.

Darf ich meinen eigenen Tod vortäuschen?

Der Fall

Justus und Timmy schauen gebannt einen Film, in dem ein Mann seinen Tod vortäuscht. Dafür fährt er mit einem Boot aufs Meer hinaus, hinterlässt all seine Sachen auf dem Boot und fährt mit einem kleinen Beiboot und einem Koffer voller Geld fort. Mit einem gefälschten Ausweis und einer neuen Identität will er noch mal ganz von vorne anfangen und etwas aus seinem «verkorksten» Leben machen. Justus ist begeistert von der Filmidee. Er fragt sich aber auch, ob man wirklich seinen Tod vortäuschen darf.

Die Gesetzeslage

Du kennst die Antwort, du liebst die Antwort: Es kommt drauf an. Seinen Tod vorzutäuschen, ist an sich nicht strafbar. Natürlich muss man sich bewusst sein, was man seiner Familie, den Freunden und dem Umfeld damit antut. Es gibt aber keinen Straftatbestand, der es verbietet.

Anders sieht es aus, wenn man den Eindruck erweckt, als sei jemand anderes für den vorgetäuschten Tod verantwortlich. Hierbei kann man sich wegen Vortäuschens einer Straftat strafbar machen.

Auch falls es darum geht, mit der Täuschung die Auszahlung einer Lebensversicherung zu erreichen oder unliebsame Schulden loszuwerden, kann damit ein Straftatbestand wie etwa ein Betrug gemäß § 263 StGB erfüllt sein.

Anstatt mit dem Schiff rauszufahren und auf Nimmerwiedersehen zu verschwinden, versuch lieber, in deinem Leben klar Schiff zu machen. Du musst nicht deinen Tod vortäuschen, um neu anfangen und einen Schlussstrich ziehen zu können: Es gibt immer einen Ausweg, auch wenn es dir manchmal nicht so vorkommen mag. Hol dir Hilfe, sprich mit Freunden oder mit offiziellen Anlaufstellen. So ersparst du deinen Angehörigen und Freunden eine Menge Kummer – und hast die Chance auf einen echten, ehrlichen Neuanfang.

für SCHLAUMEIER

§ 145d StGB

Wer wider besseres Wissen einer Behörde oder einer zur Entgegennahme von Anzeigen zuständigen Stelle vortäuscht,

1. daß eine rechtswidrige Tat begangen worden sei oder

2. daß die Verwirklichung einer der in § 126 Abs. 1 genannten rechtswidrigen Taten bevorstehe,

wird mit Freiheitsstrafe bis zu drei Jahren oder mit Geldstrafe bestraft, wenn die Tat nicht in § 164, § 258 oder § 258a mit Strafe bedroht ist.

§ 263 StGB

Wer in der Absicht, sich oder einem Dritten einen rechtswidrigen Vermögensvorteil zu verschaffen, das Vermögen eines anderen dadurch beschädigt, daß er durch Vorspiegelung falscher oder durch Entstellung oder Unterdrückung wahrer Tatsachen einen Irrtum erregt oder unterhält, wird mit Freiheitsstrafe bis zu fünf Jahren oder mit Geldstrafe bestraft.

Muss ich bei einer Vorladung durch die Polizei erscheinen?

Der Fall

Ibo bekommt einen Anruf von seinem besten Freund und WG-Mitbewohner Robin. Der teilt ihm aufgeregt mit, dass er einen Brief von der Polizei mit einer Vorladung bekommen habe. Er wird beschuldigt, eine Flasche Wasser an der Tankstelle mitgenommen und nicht bezahlt zu haben. Ibo ist sich keiner Schuld bewusst und will nicht zur Polizei gehen. Er fragt Robin nach dessen Meinung: Muss man als Beschuldigter bei der Polizei erscheinen?

Die Gesetzeslage

Wenn man als Beschuldigter Post von den Behörden bekommt, kann man schon mal schnell nervös werden. Aber musst du einer solchen Vorladung tatsächlich Folge leisten? Du wirst überrascht sein: Es kommt drauf an!

Du musst unterscheiden, von wem du geladen wirst: Wirst du als Beschuldigter in einem Strafverfahren von der Polizei aufgefordert zu erscheinen, um auszusagen, musst du dem nicht nachkommen. Du kannst es sogar einfach ignorieren. Die Polizei darf auch niemanden einfach so mitnehmen, damit er auf der Wache eine Aussage macht.

Zudem hast du als Beschuldigter zu jeder Zeit ein sogenanntes Aussageverweigerungsrecht. Du darfst zu den Vorwürfen schweigen und musst nicht bei deiner eigenen Überführung helfen. Falls du also zur Wache gehst, musst du dort trotzdem nicht aussagen.

Es hat keine negativen Folgen, wenn du der Aufforderung nicht nachkommst. Ein Gericht dürfte das nicht zu deinem Nachteil verwenden.

Wirst du hingegen zur richterlichen oder staatsanwaltlichen Vernehmung geladen, dann muss man dieser auch Folge leisten. Kommst du der Aufforderung nicht nach, droht dir Ordnungsgeld, Ordnungshaft oder die zwangsweise Vorführung. Also immer darauf achten, ob das Schreiben einen Hinweis auf die Staatsanwaltschaft enthält.

Demnach muss Ibo der Aufforderung der Polizei nicht Folge leisten.

Lies dir genau durch, wer etwas von dir möchte. Im Idealfall lässt du dich immer durch einen Strafverteidiger vertreten. Dieser fordert zunächst meist Akteneinsicht an, bevor irgendwelche Eingaben oder Erklärungen abgegeben werden.

In der Regel ist das sehr gut investiertes Geld, denn auch ein ungemütlicher Eintrag in einem Führungszeugnis kann einem die Zukunft verbauen.

für SCHLAUMEIER

§ 163 Absatz 3 StPO

Zeugen sind verpflichtet, auf Ladung vor Ermittlungspersonen der Staatsanwaltschaft zu erscheinen und zur Sache auszusagen, wenn der Ladung ein Auftrag der Staatsanwaltschaft zugrunde liegt.

Der Fall

Jamoo schaut im Fernsehen eine Doku über Polizeieinsätze. Bei einem dieser Einsätze wird in einem Park ein Drogendealer von der Polizei auf frischer Tat ertappt. Da die Polizei noch weitere Männer gesehen hat, die aber fliehen konnten, vermuten sie, dass es sich um mehrere Täter handeln muss. Deshalb fragen später der Staatsanwalt und der Richter den Geschnappten, ob er ihnen die Namen der anderen Männer nennen könne. Erst als man ihm mitteilt, dass es für ihn durchaus von Vorteil sein könnte, die anderen Dealer zu «verpfeifen», gibt er die Namen von zwei weiteren Dealern an Staatsanwalt und Gericht weiter.

Eine Woche später findet er in seinem Briefkasten einen Zettel mit der Aufschrift: «Wir wissen, wer du bist, du 31er!»

Was ist damit gemeint?

Die Gesetzeslage

Der Ausdruck bezieht sich auf einen Paragraphen des Betäubungsmittelgesetzes, den berühmt-berüchtigten Paragraphen 31. Hiernach kann das Gericht die Strafe des Täters mildern, wenn dieser bei der Aufklärung der Tat hilft und sein Wissen offenbart. War der Täter selbst an der Tat beteiligt, muss sein Beitrag zur Aufklärung der Tat über den eigenen Tatbeitrag hinausgehen. Das regelt Absatz 2.

Diese Regelung führte dazu, dass ein solcher «Verräter» auch als 31er bezeichnet wird: Wer im Ganovenumfeld «auspackt», gilt als jemand, der andere verrät, um seine eigene Haut zu retten.

Es ist eigentlich ganz einfach: Finger weg von den Drogen! Dann kannst du auch kein 31er werden. ☺

für SCHLAUMEIER

§ 31 BtMG

Das Gericht kann die Strafe nach § 49 Abs. 1 des Strafgesetzbuches mildern oder, wenn der Täter keine Freiheitsstrafe von mehr als drei Jahren verwirkt hat, von Strafe absehen, wenn der Täter

1. durch freiwilliges Offenbaren seines Wissens wesentlich dazu beigetragen hat, daß eine Straftat nach den §§ 29 bis 30a, die mit seiner Tat im Zusammenhang steht, aufgedeckt werden konnte, oder

2. freiwillig sein Wissen so rechtzeitig einer Dienststelle offenbart, daß eine Straftat nach § 29 Abs. 3, § 29a Abs. 1, § 30 Abs. 1, § 30a Abs. 1 die mit seiner Tat im Zusammenhang steht und von deren Planung er weiß, noch verhindert werden kann.

War der Täter an der Tat beteiligt, muss sich sein Beitrag zur Aufklärung nach Satz 1 Nummer 1 über den eigenen Tatbeitrag hinaus erstrecken.

Der Fall

Mama Doreen ist mit Simon in der Stadt unterwegs. Während sie sich am Kiosk gerade etwas zu trinken kaufen wollen, sehen sie ein paar Meter entfernt, dass zwei Polizisten mit einem Mann sprechen. Das Gespräch wird immer lauter, und der Mann wird handgreiflich. Die Polizisten versuchen, den Angriff des Mannes abzuwehren. Simon findet das total aufregend und möchte das Ganze mit seinem Smartphone filmen, um es später auf seinem Account zu posten.

Mama Doreen hat gehört, dass das nicht ohne weiteres erlaubt ist, und hat deshalb Bedenken. Zu Recht?

Die Gesetzeslage

Auch hier heißt es wieder, es kommt drauf an. Grundsätzlich ist es keine gute Idee, Polizisten bei ihrer Arbeit zu filmen.

Problematisch sind vor allem Tonaufnahmen, weil man dadurch möglicherweise die Vertraulichkeit des Wortes verletzt. Innerhalb geschlossener privater Räume ist diese Straftat schnell begangen.

Bei Polizeieinsätzen im öffentlichen Raum hingegen ist es jedoch nicht so einfach, weil hier eigentlich immer die Möglichkeit der sogenannten faktischen Öffentlichkeit besteht. Es kann nie sicher ausgeschlossen werden, dass nicht doch irgendwo jemand von dem Einsatz und dessen Durchführung unmittelbar etwas mitbekommt, inklusive der gesprochenen Worte. Ob nun eine Öffentlichkeit angenommen wird oder nicht, hängt daher vom Einzelfall und der Einschätzung des Gerichts ab. Sei da also vorsichtig.

Wenn die Aufnahmen erst einmal angefertigt worden sind, werden diese nicht selten auch veröffentlicht. Hier kann neben der Verletzung der Vertraulichkeit des Wortes auch ein Verstoß gegen das Kunsturhebergesetz vorliegen.

Nur selten dürfen Videos und Bilder ohne die Zustimmung der darin Gezeigten veröffentlicht werden, z. B., wenn es sich um Bildnisse aus dem Bereich der Zeitgeschichte handelt. Jedoch ist es im Einzelfall schwierig zu entscheiden, wann dies der Fall ist.

Simon sollte also besser nicht den Einsatz filmen und ihn schon gar nicht im Internet veröffentlichen!

Es ist nicht immer leicht zu entscheiden, ob du eine Aufnahme erstellen solltest, um beispielsweise in Fällen von rechtswidriger Polizeigewalt einen Beweis zu haben. Nicht zuletzt der Fall George Floyd hat hierfür ein starkes Bewusstsein geschaffen – es gibt also sicher Gründe, die es rechtfertigen, einen Einsatz zu filmen.

Stell dich aber klug und vorsichtig an. Versuche, dich so gut wie möglich in die Situation hineinzuversetzen: Denn auch derjenige, der von der Polizei gerade kontrolliert wird, möchte vielleicht nicht, dass jeder von diesem Polizeieinsatz weiß. Wenn du keine Videos vom Einsatz machst, kann es jedenfalls nicht passieren, dass du dich damit strafbar machst.

für SCHLAUMEIER

§ 201 StGB

Mit Freiheitsstrafe bis zu drei Jahren oder mit Geldstrafe wird bestraft, wer unbefugt

1. das nichtöffentlich gesprochene Wort eines anderen auf einen Tonträger aufnimmt oder

2. eine so hergestellte Aufnahme gebraucht oder einem Dritten zugänglich macht.

§ 201 a Abs. 1 Nr. 2 StGB

Mit Freiheitsstrafe bis zu zwei Jahren oder mit Geldstrafe wird bestraft, wer

1. […]

2. eine Bildaufnahme, die die Hilflosigkeit einer anderen Person zur Schau stellt, unbefugt herstellt oder überträgt und dadurch den höchstpersönlichen Lebensbereich der abgebildeten Person verletzt,

[…].

§ 22 KunstUrhG

Bildnisse dürfen nur mit Einwilligung des Abgebildeten verbreitet oder öffentlich zur Schau gestellt werden.

§ 23 KunstUrhG

Ohne die nach § 22 erforderliche Einwilligung dürfen verbreitet und zur Schau gestellt werden:

1. Bildnisse aus dem Bereiche der Zeitgeschichte;

[…].

Der Fall

Henry ist mit seinem bestem Kumpel Jay in einer Bar. Plötzlich wird Henry von einem Unbekannten angesprochen – er habe ihm die Freundin ausgespannt. Ohne weitere Vorwarnung schlägt der Unbekannte Henry in den Magen und hebt die Faust zum nächsten Schlag. Henry überlegt, was er machen soll, da der Angreifer im Begriff ist, ihn erneut zu attackieren: Darf er sich nun wehren?

Die Gesetzeslage

Wir haben dieses Thema ja schon bei der ersten Frage dieses Kapitels gestreift (s. Seite 124 f.). Blättere zur Auffrischung gerne noch mal hin.

Grundsätzlich kannst du dir merken: Eine Gewalttat, auch wenn sie zur Abwehr verübt wird, erfüllt erst mal einen Straftatbestand. Wird sie allerdings in Notwehr begangen, ist sie nicht mehr als strafbar anzusehen, sondern gilt als gerechtfertigt, weil man sich ansonsten verprügeln lassen müsste.

Darüber hinaus gibt es noch die sogenannte Nothilfe, die in § 32 Abs. 2 StGB genannt wird. Diese liegt vor, wenn man einen gegenwärtigen Angriff auf eine andere Person, z. B. einen Freund, abwendet.

In unserem Fall hat der Unbekannte durch den Schlag in den Magen eine Körperverletzung an Henry begangen und will erneut zuschlagen. In einer solchen Situation sprechen die Juristen von einem gegenwärtigen rechtswidrigen Angriff. Bei einer solchen Situation darf sich Henry also durchaus wehren und kann für eigene körperliche Gewalt nicht bestraft werden.

Das Notwehrrecht ist in Deutschland viel weitreichender, als so mancher annehmen mag. Dies folgt aus dem Grundsatz: «Das Recht braucht dem Unrecht nicht zu weichen.» Überleg dir aber gut, ob du dich bei kleineren Streitereien gleich auf eine Schlägerei einlassen willst. Denn manchmal genügt es nicht, das Recht auf seiner Seite zu haben, man muss auch die körperlichen Fähigkeiten dafür mitbringen. Nicht selten kommt es in solchen Situationen zum Einsatz von Messern, Gläsern oder sonstigen gefährlichen Gegenständen. Also handle klug und vorsichtig.

für SCHLAUMEIER

§ 32 StGB

(1) Wer eine Tat begeht, die durch Notwehr geboten ist, handelt nicht rechtswidrig.

(2) Notwehr ist die Verteidigung, die erforderlich ist, um einen gegenwärtigen rechtswidrigen Angriff von sich oder einem anderen abzuwenden.

Der Fall

Heute wird Herbert nach zehn Jahren aus dem Knast entlassen. Eigentlich sollte er also fröhlich sein. Endlich wieder Freiheit! Als Herbert vor dem Gefängnis steht, weiß er jedoch nicht, was er mit seiner zurückgewonnenen Freiheit anfangen soll. Ein paar Wochen schlägt er sich einigermaßen durch, ihm fehlt aber die gewohnte Struktur, sein Job, seine Kumpels – und sein jetziges Zimmer hat er auch nur noch bis nächsten Monat zur Untermiete. Er denkt immer wieder an die, für ihn so empfundene, gute alte Zeit im Knast zurück: regelmäßiges Essen, ein warmer Schlafplatz, die Arbeit in der Küche und abends ein gutes Buch.

Kurzum, Herbert will am liebsten wieder zurück! Aber geht das so einfach?

Die Gesetzeslage

Die allermeisten Menschen wollen gerne aus dem Gefängnis raus. Nicht nur bei Monopoly. Die Enge und die Perspektivlosigkeit machen ihnen zu schaffen. Da erscheint es doch ein wenig verrückt, dass es tatsächlich Menschen gibt, die freiwillig in das Gefängnis zurückgehen wollen. Aber ein Gefängnisaufenthalt über lange Jahre kann einen Menschen sehr verändern. Er lebt mit festen Regeln und Abläufen, über die er selbst keine Kontrolle hat. Wieder entlassen, kann diese plötzliche Freiheit zu einem Problem werden, vor allem dann, wenn Abhängigkeit von Alkohol und/oder Drogen hinzukommt. Oft fehlen draußen auch eine Wohnung und ein festes Umfeld.

Und ja, es ist technisch möglich, freiwillig ins Gefängnis zurückzukehren. Manche ehemaligen Häftlinge, die eigentlich wieder in

Freiheit leben dürften, entscheiden sich dafür, lieber wieder ins Gefängnis zu gehen. Das ist möglich auf begrenzte Zeit, wenn die Wiedereingliederung in die Gesellschaft gefährdet ist oder man davon ausgehen kann, dass so neue Straftaten verhindert werden können.

Am besten natürlich: Gar nicht erst etwas tun, das dich ins Gefängnis bringt. Sollte es dennoch passiert sein, mache dir vor der Entlassung einen Plan, wie du dich wieder in der Gesellschaft zurechtfinden willst, was als Erstes anzugehen ist und wie du deinen Tag strukturierst. Suche dir auf jeden Fall Hilfe.

für SCHLAUMEIER

§ 120 StGB

Wer einen Gefangenen befreit, ihn zum Entweichen verleitet oder dabei fördert, wird mit Freiheitsstrafe bis zu drei Jahren oder mit Geldstrafe bestraft.

Der Fall

Papa David und Leon sind mal wieder im Fußballstadion. Als die beiden das Stadion nach einem grandiosen Heimsieg ihrer Mannschaft glücklich wieder verlassen, beobachten sie einen Mann, der auf seiner Hose den Schriftzug «ACAB» trägt. Er geht direkt vor ihnen an einer Gruppe Polizisten vorbei, ohne diese aber ansonsten direkt zu provozieren. Papa David sagt leise zu Leon: «Ob das so eine gute Idee ist, damit direkt vor den Polizisten langzulaufen?»

Leon zuckt unwissend die Schultern. Durfte der Mann die Hose mit der Aufschrift etwa nicht tragen?

Die Gesetzeslage

Bei der Aufschrift auf der Hose könnte es sich um eine Beleidigung handeln. Denn die Abkürzung «ACAB» steht für «All Cops Are Bastards».

Bei den allermeisten Äußerungen ist es leicht festzustellen, ob beispielsweise eine Person zu einer anderen etwas sagt und ob man dies als Beleidigung werten kann. In diesen Fällen lässt sich genau sagen, auf wen sich die Äußerung bezieht: nämlich die Person, die man anspricht.

Wenn jedoch eine Bezeichnung als Aufdruck verwendet wird, die für eine größere Gruppe steht, ist es schwieriger zu beurteilen, ob und, falls ja, wer hier beleidigt worden ist.

Eine Beleidigung kann jedoch auch dann vorliegen, wenn die Äußerung sich auf einen überschaubaren und abgegrenzten Personenkreis bezieht.

Je größer eine solche Gruppe ist, desto schwächer kann dabei die Betroffenheit des einzelnen Gruppenmitglieds sein. In unserem Fall hat das Bundesverfassungsgericht entschieden, dass sich die «ACAB»-Äußerung nur auf einen bestimmten Personenkreis beziehen soll. Es reiche nicht aus, dass die Polizisten, denen der Mann außerhalb des Stadions begegnet ist, den Schriftzug wahrgenommen haben. Es fehle an einer persönlichen Adressierung der Äußerung an die betroffenen Gruppenmitglieder, also die Polizisten. Demnach hat das Bundesverfassungsgericht entschieden, dass durch das Tragen dieser Hose keine Beleidigung vorlag.

Gleichwohl entscheiden Strafgerichte hier in der Praxis manchmal anders, sodass Vorsicht geboten ist. Die Beurteilung, ob eine Beleidigung durch diesen Schriftzug vorliegt oder nicht, muss jeweils im Einzelfall getroffen werden. Wäre der Mann nun zu einem einzigen Polizisten hingegangen, hätte er ihn angesprochen und dann auf den Polizisten und auf seine Hose gezeigt, könnte dies individualisierend genug sein und dazu führen, dass seine Handlung eine Beleidigung darstellt.

Du solltest dich ganz allgemein fragen, ob eine solche pauschale Beurteilung einer Menschengruppe sinnvoll ist und ob du diese Hose wirklich anziehen musst.

für SCHLAUMEIER

§ 185 StGB

Die Beleidigung wird mit Freiheitsstrafe bis zu einem Jahr oder mit Geldstrafe und, wenn die Beleidigung mittels einer Tätlichkeit begangen wird, mit Freiheitsstrafe bis zu zwei Jahren oder mit Geldstrafe bestraft.

Der Fall

Anna ist wie so oft auf Instagram unterwegs, als ihr plötzlich eine Nachricht eines völlig Fremden ins Auge fällt. Warum schickt er ihr bloß ein Foto? Neugierig geworden, klickt sie drauf und ist erschrocken: Vor sich sieht sie ein entblößtes Geschlechtsteil. Anna weiß gar nicht, was sie sagen soll. Angeekelt und betroffen berichtet sie ihrer Freundin davon. Diese rät ihr sofort, damit zur Polizei zu gehen. Anna ist irritiert. Was soll sie der Polizei denn sagen? Kennen die sich überhaupt mit Instagram aus? Und gibt es tatsächlich einen Straftatbestand für ein solches Verhalten, also das Versenden von Dick Pics?

Die Gesetzeslage

Annas Freundin ist sehr schlau. Denn wenn jemand ungefragt oder an Minderjährige sogenannte Nudes verschickt, kann er sich sehr schnell der Verbreitung pornographischer Schriften, ggf. an Minderjährige, strafbar machen. Angedroht werden dafür bis zu einem Jahr Freiheitsstrafe oder eine Geldstrafe und mitunter eine Eintragung ins Führungszeugnis.

Man kann häufig nicht vorsichtig genug sein: Erhält man von fremden Menschen ungefragt Bilder zugesandt, sollte man diese Nachrichten entweder löschen oder sofort zur Anzeige bringen, sofern diese einen entsprechenden Inhalt enthalten. Einfach und schnell kannst du das beispielsweise über die folgende Website tun: www.dickstinction.com

Aber auch du selbst solltest sehr vorsichtig sein, ob und wem du solche persönlichen Bilder schickst. Denn schnell werden sie verbreitet, obwohl hoch und heilig das Gegenteil versprochen worden ist. Und dann ist es nicht oder nur sehr schwer rückgängig zu machen.

Hol dir in einem solchen Fall beispielsweise Hilfe bei deinen Eltern, Lehrern oder der Polizei.

für SCHLAU-MEIER

§ 184 StGB

Wer einen pornographischen Inhalt (§ 11 Absatz 3)

1. an einem Ort, der Personen unter achtzehn Jahren zugänglich ist oder von ihnen eingesehen werden kann, zugänglich macht,

2. einer Person unter achtzehn Jahren anbietet, überläßt oder zugänglich macht,

3. im Einzelhandel außerhalb von Geschäftsräumen, in Kiosken oder anderen Verkaufsstellen, die der Kunde nicht zu betreten pflegt, im Versandhandel oder in gewerblichen Leihbüchereien oder Lesezirkeln einem anderen anbietet oder überläßt,

3a. im Wege gewerblicher Vermietung oder vergleichbarer gewerblicher Gewährung des Gebrauchs, ausgenommen in Ladengeschäften, die Personen unter achtzehn Jahren nicht zugänglich sind und von ihnen nicht eingesehen werden können, einem anderen anbietet oder überläßt,

4. im Wege des Versandhandels einzuführen unternimmt,

5. öffentlich an einem Ort, der Personen unter achtzehn Jahren zugänglich ist oder von ihnen eingesehen werden kann, oder durch Verbreiten von Schriften außerhalb des Geschäftsverkehrs mit dem einschlägigen Handel anbietet oder bewirbt,

6. an einen anderen gelangen läßt, ohne von diesem hierzu aufgefordert zu sein,

7. in einer öffentlichen Filmvorführung gegen ein Entgelt zeigt, das ganz oder überwiegend für diese Vorführung verlangt wird,
8. herstellt, bezieht, liefert, vorrätig hält oder einzuführen unternimmt, um diesen im Sinne der Nummern 1 bis 7 zu verwenden oder einer anderen Person eine solche Verwendung zu ermöglichen, oder
9. auszuführen unternimmt, um diesen im Ausland unter Verstoß gegen die dort geltenden Strafvorschriften zu verbreiten oder der Öffentlichkeit zugänglich zu machen oder eine solche Verwendung zu ermöglichen,
wird mit Freiheitsstrafe bis zu einem Jahr oder mit Geldstrafe bestraft.

Der Fall

Bei Justus und Leonie läuft es momentan sehr gut. Sie telefonieren jeden Tag nach der Schule miteinander. Eines Tages will Justus Leonie eine Freude machen und schenkt ihr einen neongrünen Pullover, den er total stylisch findet. Leonie teilt Justus' Begeisterung leider überhaupt nicht. Mittlerweile ist der Pulli in jedem Telefonat Thema. Justus bittet Leonie immer wieder darum, den Pulli endlich mal in der Schule zu tragen, bislang erfolglos. Nach zwei Wochen ist Leonie so genervt, dass sie am Telefon zu Justus sagt, dass sie den Pulli am nächsten Tag anziehen werde. Am nächsten Tag sieht Justus, dass Leonie ihr Versprechen nicht gehalten hat, und geht bereits leicht verärgert auf Leonie und ihre beste Freundin Lisa zu und stellt Leonie zur Rede. Leonie bestreitet, dass sie zugesagt habe, den Pulli zu tragen. Daraufhin zückt Justus sein Smartphone und spielt Leonie eine Aufnahme aus dem Telefonat von gestern vor. Justus ist stolz auf sich, dass er so raffiniert war, das Telefonat mit seiner Diktier-App aufzuzeichnen. Leonie ist schockiert und fragt sich zugleich: Durfte Justus das Gespräch einfach so aufzeichnen?

Die Gesetzeslage

Nein, das durfte er definitiv nicht! Das Telefonat ohne das Wissen von Leonie aufzunehmen, ist sogar strafbar. Der Straftatbestand der «Verletzung der Vertraulichkeit des Wortes» sieht eine Strafe u. a. für denjenigen vor, der Gespräche ohne Zustimmung der beteiligten Personen aufzeichnet oder diese Aufnahme einem Dritten zugänglich macht. In unserem Fall hat Leonies Freundin die Aufnahme ebenfalls gehört, Justus hat sie also einer dritten Person zugänglich gemacht.

Warum ist so etwas denn strafbar? Ganz einfach: Dieser Straftatbestand soll die Privatsphäre und hier insbesondere die Kommunikation schützen. Dabei ist es egal, um was es in dem Gespräch ging und ob der Aufgenommene überhaupt das Bedürfnis hatte, dass der Inhalt des Gesprächs geheim gehalten wird.

Übrigens kann eine solche Aufnahme in einem Gerichtsverfahren zu einem sogenannten Beweisverwertungsverbot führen. Denn wenn sich herausstellt, dass die Aufnahme unzulässig hergestellt wurde, darf das Gericht ein solches Beweismittel nicht für seine Entscheidung berücksichtigen.

Wenn du ohne deine Zustimmung aufgenommen worden bist, kannst du einen Strafantrag stellen, damit die Staatsanwaltschaft ermittelt. Zudem hast du einen zivilrechtlichen Anspruch darauf, dass die Aufnahme vernichtet wird.

Am besten bist du aber generell sehr vorsichtig, was das Versenden von Sprachnachrichten angeht und auch mit dem, was du am Telefon sagst. Mittlerweile sind nämlich einige Menschen so raffiniert, dass sie fast alles aufzeichnen und dich sogar dazu bringen, bestimmte Dinge zu sagen, die sie dann gegen dich verwenden.

Sei also wachsam.

für SCHLAUMEIER

§ 201 Absatz 1 StGB

Mit Freiheitsstrafe bis zu drei Jahren oder mit Geldstrafe wird bestraft, wer unbefugt

1. das nichtöffentlich gesprochene Wort eines anderen auf einen Tonträger aufnimmt oder

2. eine so hergestellte Aufnahme gebraucht oder einem Dritten zugänglich macht.

IST DAS VERLETZEN VON TIEREN NUR EINE SACHBESCHÄDIGUNG?

Der Fall

Leonie und ihre Freundin Lisa sind aufgeregt: Heute sollen sie vor der Klasse ein Referat über ihre Lieblingstiere halten. Natürlich haben sie sich für Katzen entschieden, diese anmutigen, schönen Geschöpfe. Zu Leonies Unmut scheint Justus von ihrem Referat sehr gelangweilt zu sein. Interessiert es sich denn etwa gar nicht für Katzen? Auf dem Weg nach Hause fragt Leonie ihn, ob er Katzen auch so möge wie sie. Justus zuckt mit den Schultern und sagt mit gleichgültiger Stimme: «Mich jucken die Viecher nicht. Für mich sind Tiere wie Sachen. Wenn man eine Katze verletzt, dann ist das auch nur 'ne Sachbeschädigung.» Leonie ist fassungslos. Sie ist sich ganz sicher, dass Tiere keine Sache sind! Und Katzen schon mal gar nicht! Deswegen könne das ja wohl auch kaum eine Sachbeschädigung sein, wenn man eine Katze verletzt!

Wer hat recht?

Die Gesetzeslage

Bevor da noch mehr durcheinandergeht, klären wir das einmal ganz in Ruhe auf: Im Bürgerlichen Gesetzbuch ist zunächst geregelt, dass Tiere keine Sachen sind. In dieser Hinsicht hat Justus also schon mal unrecht. Allerdings steht dort auch, dass die Regelungen für Sachen dennoch auf Tiere anzuwenden sind, soweit nichts anderes festgehalten ist. Was heißt das jetzt? Tiere sind zwar keine Sachen, aber sie werden oft wie Sachen behandelt.

Das ist der zivilrechtliche Teil des Ganzen.

Wie sieht es jetzt aber im Strafrecht aus? Ist das Verletzen eines Tieres eine Sachbeschädigung? Eine Sachbeschädigung setzt die

Zerstörung oder Beschädigung einer Sache voraus. Es geht also wieder um die «Sache». Man ist sich einig, dass Tiere unter den Begriff der Sache fallen sollen. Demnach kann es sich bei der Verletzung eines Tieres tatsächlich um eine strafrechtliche Sachbeschädigung handeln. In diesem Punkt hat also Leonie unrecht.

Wir sehen also: Je nach Rechtsgebiet und Definition kann die Rechtslage ganz anders aussehen. Und da sag noch mal einer, wir Juristen drücken uns klar und deutlich aus! Das tun wir oft nicht. Wer nun aber denkt, dass Tiere doch besonders geschützt werden müssten und auch mehr Rechte verdient hätten als beispielsweise ein lebloser Gegenstand, der hat nicht unrecht. Denn häufig kann neben einer Sachbeschädigung noch ein Verstoß gegen das Tierschutzgesetz vorliegen, welches die Tiere noch einmal besonders schützt. Von daher trügt Leonies Gefühl nicht.

Mal im Ernst: Seid gut zu Tieren. Und – wer könnte einer süßen Katze jemals etwas zuleide tun? Miau.

für SCHLAUMEIER

§ 90a BGB

Tiere sind keine Sachen. Sie werden durch besondere Gesetze geschützt. Auf sie sind die für Sachen geltenden Vorschriften entsprechend anzuwenden, soweit nicht etwas anderes bestimmt ist.

§ 303 StGB

Wer rechtswidrig eine fremde Sache beschädigt oder zerstört, wird mit Freiheitsstrafe bis zu zwei Jahren oder mit Geldstrafe bestraft.

§ 17 Tierschutzgesetz

Mit Freiheitsstrafe bis zu drei Jahren oder mit Geldstrafe wird bestraft, wer

1. ein Wirbeltier ohne vernünftigen Grund tötet oder
2. einem Wirbeltier a) aus Rohheit erhebliche Schmerzen oder Leiden oder b) länger anhaltende oder sich wiederholende erhebliche Schmerzen oder Leiden zufügt.

Der Fall

Sophie ist zu Besuch bei ihrer Freundin Merle. Merle hat echt tolle Sachen, die Sophie auch gerne hätte. Zum Beispiel diese coole Mütze und die verspiegelte Sonnenbrille. Sophie nimmt all ihren Mut zusammen und fragt Merle, ob sie sich beides einmal ausleihen dürfe. Da Sommer ist, ist Merle damit einverstanden, dass Sophie sich die Mütze für eine Woche ausleiht. Die Sonnenbrille sei dagegen momentan das It-Piece ihrer Outfits, weshalb sie diese nicht hergeben möchte. Sophie scheint damit einverstanden zu sein, nimmt die Mütze und fragt Merle noch nach einem Glas Cola. Während Merle die Cola aus der Küche holt, packt Sophie neben der Mütze heimlich auch die Sonnenbrille ein. Nachdem sie die Cola ausgetrunken hat, verschwindet Sophie schnell nach Hause.

Nach einer Woche macht Sophie ein paar Selfies mit der Mütze und der Sonnenbrille und lädt sie mit dem Hashtag #allesmeins auf ihrem Profil hoch. Kurze Zeit später schickt Merle Sophie eine böse Nachricht: «Rück meine Sachen raus, du Diebin, ich weiß, dass du auch meine Sonnenbrille hast!» Einen Screenshot von Sophies Selfie schickt sich noch hinterher. Ups!

Aber hat Sophie wirklich einen Diebstahl begangen?

Die Gesetzeslage

In der Tat hat Sophie sich eines Diebstahls schuldig gemacht. Denn sie hat aktiv Merles Sonnenbrille in ihre Tasche gesteckt und ihr somit weggenommen. Außerdem wollte Sophie sie dauerhaft behalten.

Doch wie sieht es mit der Mütze aus, hat sie diese auch gestohlen? Dafür muss man wissen, dass es noch ein weiteres Delikt gibt, welches neben dem Diebstahl das Eigentum schützt, nämlich die Unterschlagung. Beide Straftaten werden im Strafgesetzbuch geregelt. Der Unterschied besteht grob gesagt darin, dass man bei einem Diebstahl eine Sache einem anderen aktiv wegnimmt, wohingegen man bei einer Unterschlagung die Sache bereits besitzen kann. So ist es in unserem Fall bei der Mütze. Merle hat Sophie die Mütze für eine Woche geliehen und sie ihr für diesen Zweck mitgegeben. Nach Ablauf der Leihfrist hätte Sophie sie ihr zurückgeben müssen. Da sie sich aber stattdessen danach als Eigentümerin der Mütze aufgespielt hat, handelt es sich hier um eine Unterschlagung.

Es ist grundsätzlich egal, ob es sich bei einem Diebstahl oder einer Unterschlagung um eine wertvolle oder geringwertige Sache dreht. Eine Unterscheidung erfolgt hierbei nicht. Allerdings gibt es im Strafgesetzbuch einen Paragraphen, der für die Fälle des Diebstahls oder der Unterschlagung von geringwertigen Sachen vorsieht, dass diese Taten nur dann verfolgt werden, wenn der Betroffene einen Strafantrag stellt. Ansonsten werden Ermittlungsbehörden nicht tätig. Was bedeutet geringwertig? Die Gerichte sehen eine Sache als geringwertig an, wenn der Wert der Sache einen Betrag von 50 Euro nicht übersteigt.

Wer also sichergehen möchte, dass diese Dinge geahndet werden, sollte also auch immer daran denken, einen Strafantrag zu stellen.

für SCHLAUMEIER

§ 242 StGB Diebstahl

Wer eine fremde bewegliche Sache einem anderen in der Absicht wegnimmt, die Sache sich oder einem Drit-

ten rechtswidrig zuzueignen, wird mit Freiheitsstrafe bis zu fünf Jahren oder mit Geldstrafe bestraft.

§ 246 StGB Unterschlagung

Wer eine fremde bewegliche Sache sich oder einem Dritten rechtswidrig zueignet, wird mit Freiheitsstrafe bis zu drei Jahren oder mit Geldstrafe bestraft, wenn die Tat nicht in anderen Vorschriften mit schwererer Strafe bedroht ist.

§ 248a StGB Diebstahl und Unterschlagung geringwertiger Sachen

Der Diebstahl und die Unterschlagung geringwertiger Sachen werden in den Fällen der §§ 242 und 246 nur auf Antrag verfolgt, es sei denn, daß die Strafverfolgungsbehörde wegen des besonderen öffentlichen Interesses an der Strafverfolgung ein Einschreiten von Amts wegen für geboten hält.

Der Fall

Maximilian hat eine vermeintlich großartige Idee: Er eröffnet seit kurzem Fake-Accounts von dem berühmten TikToker Herr Anwalt, den er als geheimen Account kennzeichnet. Dafür übernimmt er sämtliche Videos von Herr Anwalt. Als er beim Fußballtraining stolz von seiner tollen Idee berichtet, ist sein Mitspieler Justus irritiert und klärt ihn auf. Das «Klauen» von Videos sei eine Straftat. Maximilian traut seinen Ohren kaum.

Darf man nicht einfach die Videos von anderen nehmen und bei sich auf dem Kanal veröffentlichen?

Die Gesetzeslage

Justus Störgefühl ist vollkommen berechtigt. Hier kommt ein Verstoß gegen das sogenannte Urheberrecht in Betracht. Das Urheberrecht schützt den Urheber eines Werkes u. a. davor, dass seine Werke von anderen ohne dessen Einverständnis verwendet werden dürfen.

Was gibt es für Werke? Dazu gehören beispielsweise die Kunst, Musik, Reden, Schriftwerke, Lichtbilder und Filme. Wenn man also ohne Einverständnis des Urhebers (der Schöpfer des Werkes) etwas vervielfältigt, verbreitet oder öffentlich wiedergibt, kann man sich dadurch grundsätzlich einer Urheberrechtsverletzung strafbar machen!

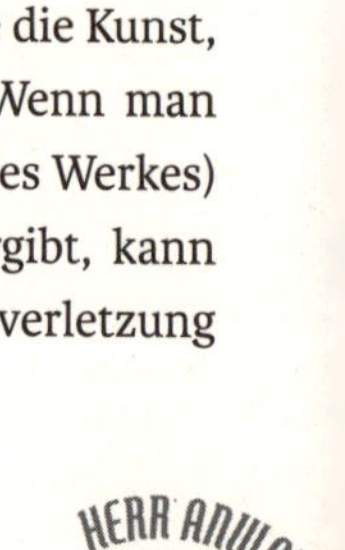

Wenn du deinem Idol zeigen willst, dass du sein Fan bist, dann kannst du das mit einem Fan-Account tun. Die allermeisten Creator, Stars oder Fußballspieler haben absolut nichts dagegen, wenn du dort Collagen oder Edits erstellst. Darüber freuen sie sich sogar sehr. Nur solltest du eben keine 1:1-Kopie der Inhalte deines Idols anfertigen. Damit wirst du ihn nur verärgern, weil es für ihn Arbeit bedeutet, dass Ganze zu verfolgen. Mit deinem Fan-Account baust du hingegen eine positive Bindung zu deinem Idol auf – und mit etwas Glück folgt er dir sogar zurück.

für SCHLAU-MEIER

§ 106 Absatz 1 UrhG

Wer in anderen als den gesetzlich zugelassenen Fällen ohne Einwilligung des Berechtigten ein Werk oder eine Bearbeitung oder Umgestaltung eines Werkes vervielfältigt, verbreitet oder öffentlich wiedergibt, wird mit Freiheitsstrafe bis zu drei Jahren oder mit Geldstrafe bestraft.

JURA-FAKES

Nichts hält sich so hartnäckig wie juristische Irrtümer. Mit rigoroser Sturheit beharren einige Menschen darauf, dass Mord immer geplant sei, Totschlag im Affekt geschehe oder dass man sich Geld nur «geliehen» habe. Tatsächlich können diese «Weisheiten» oftmals falscher nicht sein. In diesem Kapitel wirst du über ein paar gängige juristische Irrtümer aufgeklärt. Gern kannst du mal bei deinen Freunden oder deiner Familie austesten, ob sie bei den folgenden Fällen den richtigen Riecher gehabt hätten.

DER KÄUFER IST AUTOMATISCH EIGENTÜMER

Justus geht in die Bäckerei und kauft sich ein Schokobrötchen. Wieder zu Hause angekommen, legt Justus sein Brötchen kurz in der Küche ab. Sein Bruder Timmy sieht es und möchte es am liebsten sofort selbst snacken. Er greift nach der Tüte. Justus ist empört und schreit: «Gib das Brötchen her, das ist meins, ich hab's schließlich gekauft!»

Natürlich ist es nicht sehr nett von Timmy, seinem Bruder das Schokobrötchen wegfuttern zu wollen. Auch kann man Justus in dem Punkt zustimmen, dass es sich um sein Schokobrötchen handelt. Allerdings passt seine Begründung hierfür (noch) nicht. Justus hat in der Bäckerei einen Kaufvertrag über das Schokobrötchen mit der Bäckerin geschlossen. Kurz gesagt, bedeutet der Kaufvertrag: «Brötchen gegen Geld». Damit das Brötchen am Ende auch wirklich Justus und nicht mehr der Bäckerin gehört, bedarf es jedoch zusätzlich der sogenannten Übereignung (Übertragung des Eigentums) des Brötchens. Das Eigentum geht juristisch betrachtet nicht automatisch mit dem Abschluss des Kaufvertrages auf jemand anderes über, sondern läuft getrennt davon ab. Außerdem muss auch noch das Eigentum am Geld von Justus auf die Bäckerin übertragen werden. Es finden somit sogar zwei Übereignungen statt: einmal die des Brötchens an Justus, und einmal die des Geldes an die Bäckerin.

Wie du siehst, wird in unserem Rechtssystem streng zwischen einem Kaufvertrag und einer Übereignung unterschieden. Allerdings werden diese juristischen Feinheiten im Alltag beim Einkaufen für dich höchstwahrscheinlich nicht von Bedeutung sein und außerdem, so wie hier, zusammenfallen. Dennoch: Falls dich jemand fragen sollte, wie viele Rechtsgeschäfte bei dem Vorgang zwischen Justus und der Bäckerin geschlossen worden sind, solltest du antworten: drei Verträge, nämlich ein Kaufvertrag und die zwei Übereignungen von Geld und Brötchen.

Das bedeutet, dass Justus das Brötchen aufgrund der Übereignung gehört. Deswegen sollte Justus beim nächsten Mal besser sagen: «Gib das Brötchen her, es gehört mir, ich habe das Eigentum daran erworben, da ich es übereignet bekommen habe!» So jedenfalls würde es juristisch gesehen mit korrekten Dingen zugehen. ☺

EIGENTUM UND BESITZ SIND DASSELBE

Es ist schon wieder passiert: Marie ist ihr Smartphone die Treppe heruntergefallen, als sie eine neue Dance-Challenge ausprobiert hat. Nun funktioniert es nicht mehr. Damit sie am nächsten Tag nicht ohne zur Schule muss, ist Papa Peter so nett und überlässt ihr sein eigenes Smartphone mit den Worten: «Hier, das kannst du morgen ausnahmsweise mitnehmen, aber danach sofort zurückgeben, o. k.? Wiedersehen macht Freude, ne?!»

Da es sich um das neueste Modell handelt, fährt Marie am nächsten Tag freudestrahlend zusammen mit ihrem Bruder Piet in die Schule. Im Schulbus tönt sie laut vor ihren Freunden: «Guckt mal, was mir seit gestern gehört, mein neues Smartphone!» Piet ist empört: «Das gehört doch Papa und nicht dir, du Lügnerin!»

Hat er recht? Gehört Marie in diesem Moment das Smartphone nicht doch? Oder ist es Papa Peters?

Da Papa Peter sein Smartphone eindeutig am selben Tag wieder zurückhaben will, muss man (leider, liebe Marie) davon ausgehen, dass er sein Eigentum am Smartphone nicht auf Marie übertragen wollte. Es soll ihm also weiter als Eigentümer gehören. Trotzdem durfte Marie das Smartphone ausnahmsweise mitnehmen. Verleiht ihr das aber nicht auch eine gewisse Macht? Marie hat durch die Übergabe des Smartphones und den Anweisungen ihres Vaters den Besitz über das Smartphone erlangt. Besitz bedeutet, dass man über eine Sache tatsächlich die Herrschaft hat. Marie hat das Smartphone den ganzen Tag über stolz in ihrer Hosentasche herumgetragen, sodass kein anderer darauf Zugriff hatte. Sie ist also nicht die Eigentümerin, wohl aber die Besitzerin des Smartphones.

Was ist denn eigentlich besser? Eigentümer oder Besitzer einer Sache zu sein? Grundsätzlich hat der Eigentümer die «stärkeren» Rechte, da er über die Sache frei verfügen kann. Der Besitzer ist von den Vorgaben des Eigentümers abhängig. Marie kann sich beispielsweise nicht einfach aussuchen, wann sie das Smartphone zurückgibt. Ihr Vater hat es ihr nur einen Tag ausgeliehen. Wichtig zu wissen ist, dass der Besitz und das Eigentum an einer Sache nicht auseinanderfallen müssen. Man kann also auch beides gleichzeitig sein. Sobald Papa Peter sein Smartphone zurückbekommen hat, ist er wieder Eigentümer und Besitzer zugleich. Dann bleibt Marie nur ihr kaputtes Smartphone – als Eigentümerin und Besitzerin.

VERTRÄGE MÜSSEN IMMER SCHRIFTLICH SEIN

Mehmet und sein Freund Otto zocken gern auf der Konsole. Mehmet hat eine riesige Sammlung an Spielen. Otto fragt ihn deshalb, ob er ihm das ein oder andere Spiel ausleihen könne. Mehmet erklärt daraufhin, dass Otto sich fünf Spiele aussuchen dürfe und ihm nach vier Wochen wieder mitbringen soll. Otto ist begeistert vom Angebot seines Freundes und nimmt, wie vereinbart, fünf Spiele mit nach Hause. Da Mehmet eines der Spiele schmerzlich vermisst, fragt er nach dem Ablauf von vier Wochen bei Otto nach, ob er ihm das Spiel wieder mitbringen könne. Otto antwortet ihm daraufhin nur patzig, dass nirgendwo geschrieben stehe, dass er die Spiele nur vier Wochen behalten dürfe, er solle ihm doch mal den Vertrag zeigen. Denn nur schriftliche Verträge hätten überhaupt eine Gültigkeit. Hätten die beiden ihren Vertrag also schriftlich schließen müssen?

Otto unterliegt einem gewaltigen Irrtum: Verträge müssen nicht schriftlich geschlossen werden. Nur bei bestimmten Verträgen ist die sogenannte Schriftform vorgeschrieben, wie zum Beispiel bei einem Verbraucherdarlehensvertrag.

Aber warum gibt es die Schriftform dann überhaupt? Sie soll den Vertragsschließenden z. B. vor übereilten Entscheidungen schützen, einem deutlich machen, was man da gerade eigentlich tut – und, falls es hinterher Probleme gibt, kann der eine nicht behaupten, darüber habe man gar nicht oder in anderer Form gesprochen.

Ist das aber alles nicht notwendig, kann man einen wirksamen mündlichen Vertrag schließen, ohne dass dieser schriftlich festgehalten wird. Für Otto bedeutet das, dass der Vertrag über das Ausleihen der Spiele wirksam zustande gekommen ist, auch wenn er nur mündlich vereinbart wurde. Allerdings muss man bei mündlichen Vereinbarungen stets bedenken, dass es zu Beweisschwierigkeiten kommen kann: Otto könnte sagen, dass es gar keine Vereinbarung zwischen beiden gegeben habe oder dass die Ausleihfrist zehn Wochen gewesen sei.

Da Otto dank Herrn Anwalt eigentlich ein Rechtsfreund ist, gibt er Mehmet schließlich alle Spiele zurück. Mehmet aber merkt sich, dass er beim nächsten Mal zur Sicherheit alles lieber schriftlich vereinbaren sollte. Und so solltest du es auch stets handhaben.

ES GIBT EIN GENERELLES VERMUMMUNGSVERBOT

Justus und Papa Helge wollen am Wochenende wieder ins Stadion zum Fußballspiel ihres Lieblingsvereins. Um besonders cool rüberzukommen, überredet Justus seinen Vater, mit dem Motorrad zum Spiel zu fahren. Nach dem Spiel herrscht eine ausgelassene Stimmung, schließlich hat der BVB 2:0 gegen den FC Bayern gewonnen. Zur Feier des Tages möchten die beiden noch einen kleinen Samstagabendbummel durch die Stadt machen, um eine Currywurst bei «Wurst Willi» zu essen. Aus Jux setzt sich Justus dabei seine BVB-Motorradsturmhaube auf. Als sie auf dem Weg an einigen Polizisten vorbeikommen, werden sie von ihnen argwöhnisch gemustert. Papa Helge bekommt Zweifel: Ist das mit der Sturmhaube wirklich so eine gute Idee? Gibt es nicht ein Vermummungsverbot in Deutschland? Oder darf man sein Gesicht in der Öffentlichkeit einfach verdecken?

Obwohl es manchmal anders erzählt wird, gibt es kein generelles Vermummungsverbot in Deutschland. Das Verbot, sich unkenntlich zu machen gilt nur in besonderen Situationen, wie etwa Demonstrationen. Hier gilt das Versammlungsgesetz.

In § 17a Versammlungsgesetz ist geregelt, dass Vermummungen bei öffentlichen Versammlungen oder anderen öffentlichen Veranstaltungen, die im Freien stattfinden, verboten sind. Hierzu gehören z. B. Fußballspiele. Das Verbot gilt zudem auch für den Raum um ein Stadion herum und beim Führen von Kraftfahrzeugen.

Aber wann ist man denn vermummt? Darunter fällt jede Aufmachung, die verhindert, dass man die Identität eines anderen feststellen kann, z. B., wenn nur noch die Augen zu sehen sind. Ausnahmen sind jedoch zum Beispiel an Karneval möglich, wenn die Behörde sie zulässt. Auch bei religiöse Bekleidungen wie etwa beim Niqab wird häufig eine Ausnahme gemacht.

Für Justus heißt das also, dass er die Sturmhaube zwar nicht im Stadion tragen dürfte, weil nur noch seine Augen sichtbar und eine Feststellung seiner Identität unmöglich wäre. Stunden nach dem Spiel und mit großer Entfernung zum Stadion kann er sie jedoch aufsetzen.

MORD IST GEPLANT, UND TOTSCHLAG PASSIERT AUS DEM AFFEKT

Es ist Sonntagabend, und Justus' Eltern wollen «Tatort» gucken. Justus findet das zwar total langweilig, ist aber auch zu faul, in sein Zimmer zu gehen. Also sieht er sich das Spektakel in voller Länge an. Überraschenderweise handelt der Krimi davon, dass eine Leiche entdeckt wird und die Kriminalpolizei ermittelt. Die Ermittler rätseln, ob sie die Tat als «Mord» oder als «Totschlag» einstufen sollen. Justus fragt sich, worin denn eigentlich der genaue Unterschied zwischen beidem besteht. Er ist Feuer und Flamme, schließlich hat er durch den Konsum diverser TikToks einen juristischen Spürsinn entwickelt und fragt neugierig bei seinen Eltern nach. Papa Helge antwortet: «Ist doch klar! Mord ist, wenn du jemanden absichtlich mit einem Plan tötest, und Totschlag, wenn du jemanden spontan oder versehentlich umbringst.»

Aber ist das wirklich so: Mord ist geplant, und Totschlag geschieht im Affekt, also aus der Situation heraus?

Tatsächlich unterscheiden sich die beiden Delikte erst einmal grundsätzlich kaum voneinander: Bei beiden wird jeweils ein anderer Mensch getötet. Aus diesem Grund ist übrigens auch der Begriff «Selbstmord» unglücklich gewählt. Denn wer sich selbst tötet, tötet keinen anderen Menschen und kann im Sinne des Strafgesetzbuches daher schon kein Mörder sein. Man spricht stattdessen besser von Suizid.

Und jetzt die Überraschung: *Beide* Straftaten werden vorsätzlich begangen. Vorsatz bedeutet, dass man zumindest die Möglichkeit erkennt, dass man eine andere Person töten könnte, dies aber billigend in Kauf nimmt. Es kommt also zur Abgrenzung von Mord und Totschlag gerade nicht darauf an, ob man vorher einen wochenlangen Plan schmiedet, oder ob man relativ spontan beschließt, jemanden zu töten.

Der Unterschied besteht vielmehr darin, ob sogenannte Mordmerkmale vorliegen oder nicht. Sie lassen eine Tat besonders verwerflich erscheinen. Sind sie vorhanden, dann handelt es sich um einen Mord. Liegen diese Merkmale nicht vor, handelt es sich oft «nur» um Totschlag.

Was versteht man unter diesen Mordmerkmalen? Es gibt welche, die sich auf die Durchführung der Tat («wie?») beziehen, wie z. B. jemand heimtückisch, gemeingefährlich (also mehrere Menschen gefährdend) oder grausam zu töten. Ansonsten gibt es Mordmerkmale, die sich auf die Motivation des Täters («warum?») beziehen. Dazu gehört, ob der Täter aus reiner Mordlust gehandelt hat, zur Befriedigung des Geschlechtstriebs, aus Habgier, um eine andere Tat zu ermöglichen, um eine andere Tat zu verdecken oder aus sonstigen «niedrigen Beweggründen». Darunter versteht man allgemein Motive, die moralisch betrachtet auf der niedrigsten Stufe stehen und deshalb als besonders verachtenswert gelten.

Wenn du also das nächste Mal einen Krimi schaust, kannst du mal darauf achten, ob die Ermittler ein Mordmerkmal nennen, oder ob du selbst ein solches in der Story entdeckst.

MAN KANN GELD VERLEIHEN

Wer kennt es nicht: Man bummelt an einem heißen Sommertag durch die Stadt, sieht eine Eisdiele und bekommt Lust auf einen großen Eisbecher. Leider ist das Portemonnaie leer. So geht es auch Leonie, die mit ihrer Freundin Lisa in der Stadt ist. Leonie fragt Lisa deshalb, ob sie ihr fünf Euro für den Kiwi-Eisbecher leihen könne. Da Lisas Vater in einer Bank arbeitet, antwortet diese prompt, dass sie ihr zwar nichts leihen, ihr aber ein zinsloses Darlehen geben könne, und reicht ihr lachend die fünf Euro. Leonie nimmt den Schein verwirrt entgegen. Zu Hause angekommen, fragt sie sich, was Lisa ihr mit ihrer Bemerkung sagen wollte. Oder wollte sie sich nur aufspielen?

Die Antwort von Lisa war rechtlich gesehen völlig korrekt: Zwar kann man theoretisch Geld verleihen, allerdings handelt es sich im Alltag, juristisch betrachtet, meist um ein Darlehen. Warum? Weil ein Leihvertrag voraussetzt, dass man die Sache nach dem Ablauf einer vereinbarten Zeit wieder zurückgeben muss. Das Verrückte daran ist, dass bei einer Leihe genau dieselbe Sache zurückgegeben werden muss, die auch ausgeliehen worden ist. Für Leonies Fall hätte das also bedeutet, dass sie genau den Fünf-Euro-Schein an Lisa hätte zurückgeben müssen, den sie zuvor von ihr bekommen hat. Da sie sich aber damit das Eis gekauft hat, ist dieser Schein nun in der Kasse der Eisdiele. Wenn Leonie Lisa nun also einen Geldschein aus ihrer Spardose von zu Hause gibt, handelt es sich um einen anderen Geldschein als den, den sie von Lisa bekommen hat. Anna kann ihr also nur einen Geldschein gleicher Art (und gleichen Werts) wiedergeben, aber nicht den konkreten, den sie zuvor bekommen hat. Und daher haben die beiden keinen Leihvertrag, sondern einen sogenannten Darlehensvertrag abgeschlossen.

 Nunmehr ein Stück schlauer, nimmt Leonie sich vor, Lisa nächstes Mal direkt nach einem zinslosen Darlehen zu fragen.

Räuber und Diebe sind dasselbe

Clara und ihre Oma Erna sind zum Shoppen verabredet. In der Innenstadt angekommen, durchsucht Erna ihre große Handtasche nach ihrem Portemonnaie, um ihr Bargeld zu zählen. Dies beobachtet der fiese Manni. Da Oma Erna offensichtlich sehr viel Bargeld bei sich trägt, beschließt Manni, die beiden zu verfolgen und sich dann bei Gelegenheit die Tasche von Oma Erna zu «holen». Nach zwei Stunden Shopping sind Oma Erna und Clara erschöpft und wollen zum Abschluss noch einen Crêpe essen. Manni sieht seine Chance gekommen.

Er rennt los und versucht, Oma Erna die Tasche aus der Hand zu reißen. Oma Erna hat jedoch einen Selbstverteidigungskurs gemacht und wehrt sich mit aller Kraft gegen Manni. Am Ende ist Manni jedoch stärker, schubst Erna kräftig auf den Boden und kann schließlich mit der Tasche fliehen.

Oma Erna geht zusammen mit Clara zur Polizei und schildert den Vorfall aufgeregt.

«Da war dieser Dieb, und der hat meine Tasche gestohlen.» Die Polizisten teilen ihr mit, dass hier sogar ein Raub vorliegen könnte, und fragen daher nach dem Äußeren des «Räubers». «Ja also der Dieb ...», setzt Erna an. «Räuber», räuspert sich der Polizist. «Aber das ist doch dasselbe?!», meint Erna.

Sie ist verwirrt. Gibt es denn einen Unterschied zwischen einem Dieb und einem Räuber?

Tatsächlich ja, und zwar in zweierlei Hinsicht: Bei einem Raub wendet der Täter im Gegensatz zu einem Diebstahl zusätzlich Gewalt oder Drohungen an, um an seine Beute zu gelangen.

Dadurch besteht natürlich – im Gegensatz zu einem normalen Diebstahl – eine besondere Gefährdung des Opfers, und deshalb hat man sich dazu entschlossen, einen Raub auch schwerer zu bestrafen als einen Diebstahl.

Im Fall von Opa Erna wendet Manni Gewalt an, um an die Tasche zu gelangen. Mithin handelt er hier als Räuber und hat, wenn er gefasst wird, eine erheblich höhere Strafe zu erwarten.

JEDE STRAFTAT IST EIN VERBRECHEN

Justus sitzt abends mit seinen Eltern zusammen und schaut die Tagesschau. Während der Nachrichten fällt häufig das Wort «Verbrechen». Am nächsten Tag geht Justus mit seiner Mutter in den Supermarkt. Dort sieht er einen Mann, der einen Schokoriegel in die Tasche steckt und schnell aus dem Laden huschen möchte. Justus ist natürlich sofort alarmiert und schreit: «Der Mann da hat ein Verbrechen begangen, er hat geklaut!»

Handelt es sich bei der Tat wirklich um ein Verbrechen?

Nicht ganz. Denn im Strafrecht wird zwischen Verbrechen und Vergehen unterschieden. Verbrechen liegen im rechtlichen Sinne dann vor, wenn die Tat im Mindestmaß mit einer Freiheitsstrafe von einem Jahr bedroht ist. Ein Vergehen liegt dagegen vor, wenn die Tat im Mindestmaß mit einer geringeren Freiheitsstrafe als einem Jahr oder mit einer Geldstrafe geahndet wird.

In unserem Fall handelt es sich bei der Tat des Mannes um einen Diebstahl. Wenn man in den Paragraphen 242 StGB Diebstahl schaut, sieht man, dass diese Tat nicht mit mindestens einem Jahr Freiheitsstrafe bestraft wird: *«§ 242 StGB. Wer eine fremde bewegliche Sache einem anderen in der Absicht wegnimmt, die Sache sich oder einem Dritten rechtswidrig zuzueignen, wird mit Freiheitsstrafe bis zu fünf Jahren oder mit Geldstrafe bestraft.»*

Deshalb handelt es sich bei einem einfachen Diebstahl nur um ein Vergehen.

Anders sieht es zum Beispiel beim Vorliegen eines Raubs aus: Hier handelt es sich um ein waschechtes Verbrechen im Sinne des Strafgesetzbuches, da die Tat mit einer Freiheitsstrafe nicht unter einem Jahr bestraft wird.

BEIM FAHRRADVERLEIH KANN MAN FAHRRÄDER LEIHEN

Mehmet und sein Kumpel Otto wollen eine Radtour zum See machen, um dort eine Runde zu chillen. Leider hat Otto kein eigenes Fahrrad. Da Mehmet aber ein schlauer Fuchs ist, weiß er, dass man am Bahnhof Fahrräder ausleihen kann. Die beiden machen sich zu Fuß auf den Weg. Am Bahnhof angekommen, geht es direkt zum «City-Fahrradverleih». Beim Betreten tönt Mehmet laut: «Jetzt leihen wir dir erst mal ein schickes Rad aus!» Der Mann hinter der Theke räuspert sich: «Ihr könnt hier ein Fahrrad mieten, richtig!» Mehmet und Otto sind verwirrt: Warum kann man in einem Fahrradverleih kein Fahrrad ausleihen?

In der Tat ist die Bezeichnung «Fahrradverleih» juristisch betrachtet irreführend. Um die ganze Problematik verstehen zu können, muss man erst mal wissen, was der Unterschied zwischen einem Leih- und einem Mietvertrag ist. Ein Leihvertrag zeichnet sich dadurch aus, dass der Verleiher dem Entleiher eine Sache unentgeltlich, also kostenlos, zum Gebrauch überlässt. Beim Mietvertrag wird zwar auch eine Sache dem Mieter überlassen, aber nur entgeltlich, also gegen Cash. Da der Betreiber des Fahrradverleihs vermutlich Geld mit seinen Fahrrädern verdienen möchte, überlässt er die Fahrräder seinen Kunden gegenüber nur gegen Geld. Man muss dabei bedenken, dass der Betreiber dafür sorgen muss, dass die Fahrräder stets gewartet und fahrtüchtig sind. Reparaturen kosten schließlich auch Geld!

Man kann also festhalten, dass es sich bei der Überlassung der Fahrräder gegen Geld um einen Mietvertrag handelt. Übrigens kennt ihr bestimmt noch ein weiteres Beispiel, wenn ihr an einen See und Boote denkt: richtig, der Bootsverleih gehört auch in diese Kategorie! Es handelt sich um eine Bootsvermietung. ☺

«Lebenslang» bedeutet ein Leben lang

Younes und sein Kumpel Asuti schauen eine Gerichtsdokumentation. Dabei geht es um einen Mann, der wegen Mordes angeklagt wurde. Beide fiebern mit, ob der Täter überführt werden kann oder nicht. Nach einer langen Verhandlung mit der Vernehmung einiger Zeugen wird der Täter schließlich wegen Mordes verurteilt.

Als dann von einer sogenannten lebenslangen Freiheitsstrafe gesprochen wird und sie feststellen, dass der Täter erst 24 Jahre alt ist, sind beide erschrocken: Muss er nun 60 Jahre oder länger im Gefängnis verbringen? Was ist, wenn man so jung ins Gefängnis muss?

Bei der lebenslangen Freiheitsstrafe handelt es sich um die schwerste Strafe im Strafgesetzbuch. Früher gab es noch die Todesstrafe, diese wurde aber in der alten Bundesrepublik Deutschland bereits 1949 abgeschafft. In der DDR fand die letzte Hinrichtung 1981 statt, und die Abschaffung der Todesstrafe erfolgte 1987.

Wie lang ist denn die jetzige schwerste Strafe des Strafrechts? «Lebenslang» bedeutet nicht unbedingt lebenslang, wobei dies auch durchaus vorkommen kann. Wird eine lebenslange Freiheitsstrafe verhängt, so kann nach 15 Jahren ein Antrag auf eine vorzeitige Entlassung auf Bewährung gestellt werden. Im Falle einer Ablehnung kann dieser Antrag alle zwei Jahre erneut gestellt werden.

 Für eine vorzeitige Entlassung können eine gute Führung und eine gute Sozialprognose (d. h., dass man davon ausgeht, dass der Täter keine Straftaten mehr begehen wird) sprechen.

Das Bundesverfassungsgericht hat insoweit entschieden, dass jedem Verurteilten die Perspektive gegeben werden muss, irgendwann wieder in Freiheit leben zu können. Dies leitet es aus dem Grundrecht der Menschenwürde ab.

Übrigens gab es noch bis 2018 ein Bundesland, in welchem die Todesstrafe in einer Landesverfassung geregelt war: In der hessischen Verfassung war vorgesehen, dass ein Straftäter bei besonders schweren Verbrechen zum Tode verurteilt werden konnte. Da aber im Grundgesetz geregelt ist, dass die Todesstrafe abgeschafft ist und das Bundesrecht Landesrecht bricht (das Bundesrecht steht also über dem Landesrecht), war der Passus in der hessischen Landesverfassung auch damals schon nicht mehr von Bedeutung. Mittlerweile enthält die hessische Landesverfassung die Abschaffung der Todesstrafe.

Übrigens heißt es auch nicht lebenslänglich, wie man es so oft hört, sondern lebenslang.

DER BUNDESGERICHTSHOF IST DAS HÖCHSTE GERICHT

Leonie, Justus, Daniel und Mitch streunen auf dem Schulhof herum. Justus berichtet von seiner neuen Leidenschaft: Fernsehberichte über Gerichtsverfahren. Nach einer halben Stunde können die Mädels das Thema nicht mehr hören. Soll er doch Jura studieren und sie in Ruhe lassen! Als Leonie Justus bittet, das Thema zu wechseln, fragt Justus: «Und wenn ich das Thema nicht wechseln möchte, was dann?» «Dann ziehe ich vor Gericht!» «Vor welches denn?» Leonie überlegt kurz. Sie entscheidet sich für das Gericht, das sie kennt: «Natürlich vor den Bundesgerichtshof, das ist schließlich das höchste Gericht!» Justus ist irritiert. Er meint mal gehört zu haben, dass der Bundesgerichtshof nicht die letzte Instanz sei. Gibt es nicht noch das Bundesverfassungsgericht? Zurück zu Hause fängt er an zu recherchieren.

Um Licht ins Dunkle zu bringen, kommt hier in Kurzform die Gerichtsorganisation in Deutschland: Es gibt grundsätzlich fünf sogenannte Fachgerichtsbarkeiten. Die Fachgerichte beschäftigen sich jeweils mit unterschiedlichen Themen. Es gibt die ordentliche Gerichtsbarkeit (Zivil- und Strafrecht), Arbeits-, Verwaltungs-, Sozial- und die Finanzgerichtsbarkeit. In diesen Fachgerichtsbarkeiten gibt es jeweils verschiedene «Stufen», sogenannte Instanzen, wie etwa das Amtsgericht, Landgericht, Oberlandesgericht oder den Bundesgerichtshof bei der ordentlichen Gerichtsbarkeit.

Die letzte Instanz der jeweiligen Fachgerichtsbarkeit ist der oberste Gerichtshof. Das sind der Bundesgerichtshof, das Bundesarbeits-, das Bundesverwaltungs- und das Bundessozialgericht sowie der Bundesfinanzhof. Das heißt, dass der Bundesgerichthof für die ordentliche Gerichtsbarkeit die letzte Instanz ist.

Welche Rolle spielt denn jetzt das Bundesverfassungsgericht? Es handelt sich dabei um ein Gericht mit einer besonderen Stellung, weil es unabhängig und selbständig entscheiden kann. Es ist das höchste Gericht des Bundes. Es wacht grob gesagt über die Einhaltung des Verfassungsrechts. Es kann in dieser Funktion Gerichtsurteile anderer Gerichte aufheben, wenn die Urteile gegen die Verfassung verstoßen. Die Entscheidungen des Bundesverfassungsgerichts sind für alle verbindlich.

DAS RECHTS-SYSTEM

Es hilft nicht, das Recht auf seiner Seite zu haben, man muss auch mit der Justiz rechnen. Und diese besteht aus unterschiedlichen Bausteinen. Bürger, Anwälte, Politiker, Staatsanwälte, Richter und das Bundesverfassungsgericht – sie alle spielen eine Rolle. Doch wann kommen sie zum Zuge, und was ist ihre Rolle im System des Rechts? Wie entsteht eigentlich ein Gesetz? Was sind eigentlich Grundrechte? Diesen Fragen wollen wir im letzten Kapitel einmal genauer auf den Grund gehen.

WAS MACHT EIGENTLICH EIN RECHTSANWALT?

Ein altes Sprichwort besagt: «Recht haben und recht bekommen sind zwei verschiedene Dinge.» Und obwohl Gesetze eigentlich dafür gedacht sind, der Bevölkerung Regeln für ein geordnetes Zusammenleben aufzustellen, hat sich im Laufe der Jahrtausende in vielen Teilen der Welt ein immer komplizierterer Gesetzesdschungel entwickelt. Für die meisten Menschen ist es daher gar nicht mehr so leicht, durch dieses Gewirr von Paragraphen, Artikeln und Verordnungen durchzublicken. Und genau dafür bietet der Rechtsanwalt die Lösung.

Rechtsanwälte sind im Grunde nichts anderes als Lehrer für ein bestimmtes Thema: Recht und Gesetze. Sie haben in vielen Jahren Studium gelernt, Ordnung in den Paragraphen-Dschungel zu bringen und wie mit einer Machete einen Weg durch das Dickicht zu schlagen, um die Interessen ihrer Kunden zu vertreten.

Die Kunden des Anwalts nennt man Mandanten. Sie können sich beim Anwalt einen bloßen Rat einholen, ihn aber auch mit der Vertretung ihrer Anliegen beauftragen.

Diese Vertretung kann etwa darin bestehen, andere Menschen anzuschreiben, um von ihnen aufgrund der Gesetze eine bestimmte Handlung zu fordern, oder aber diese sogar vor Gericht einzuklagen.

Es kann aber auch sein, dass der Mandant beschuldigt wird, eine Straftat begangen zu haben. Dann suchen die Beschuldigten häufig einen Rechtsanwalt auf, der sie dann gegen den Staat verteidigt oder dafür sorgt, dass später ein fairer Prozess stattfindet.

WAS MACHT EIN RICHTER?

Wann immer sich mehrere Menschen in der Geschichte zusammenfanden, kam es in der Folge nicht selten zum Streit über bestimmte Dinge. Sei es, dass jemand einer anderen Person einen Apfel geklaut oder ein Haus ohne Erlaubnis des Eigentümers betreten hat. Irgendeinen Grund zu streiten gab es immer. Und da man relativ früh erkannt hatte, dass nicht immer der im Recht ist, der in einer anschließenden Prügelei obsiegte – denn dies war meist der körperlich Stärkere –, überlegte man sich, dass doch eine dritte Person über diese Angelegenheit urteilen könne.

Vor langer Zeit nahm dies üblicherweise die ranghöchste Person im Ort oder sogar im Land wahr. Tatsächlich traten dann die Streithähne vor einen Dorfältesten, Jarl oder König, um ihren Fall beurteilen zu lassen. In der Regel sprach dieser dann nach kurzer Überlegung ein Urteil, und die Streitenden mussten sich diesem fügen.

Mit der Zeit geriet dieses Konzept jedoch an seine Grenzen, denn die immer größere Anzahl an Personen in einem Dorf oder einem Land rief immer häufiger nach den Entscheidern. Die Ranghöchsten des jeweiligen Ortes waren also zeitlich gar nicht mehr in der Lage, die ganzen Anfragen ordentlich zu bearbeiten. Daher setzten sie ihrerseits Personen mit der Erlaubnis ein, sich fortan in ihrem Namen um die Angelegenheiten zu kümmern.

Dies war die Geburtsstunde des Richterberufes, der auch heute noch über die rechtlichen Angelegenheiten der Menschen urteilt.

Besonders wichtig hierbei ist: Richter müssen so ausgewählt sein, dass sie faire Urteile sprechen und nicht die eine oder andere Person aufgrund ihres Geldes, ihres Aussehens oder ihrer Beziehungen bevorzugen.

Aus diesem Grund trägt übrigens auch die berühmte Justitia-Figur, die als Sinnbild für Gerechtigkeit steht, eine Augenbinde. Sie ist somit blind und kann nur das beurteilen, was die Beteiligten ihr erzählen, unbeeinflusst von z. B. ihrem Äußeren. Man nennt diese Eigenschaft Unbefangenheit.

Richter müssen das Recht sehr gut kennen. Außerdem müssen sie sehr gut zuhören können, geduldig und aufmerksam sein. Sie müssen sich nach links wenden können, um sich anzuhören, was die eine Partei zu sagen hat, um sich aber dann direkt auch nach rechts wenden können, um zu hören, was die andere Partei zu sagen hat. Und wenn sie dann wie eine Eule sehr häufig ihren Kopf hin- und hergedreht, viele Fragen gestellt und gut zugehört haben, können sie sich ein Bild über das Geschehene machen und überlegen, was als Nächstes zu tun oder welches Urteil zu sprechen ist.

Hierbei müssen sie streng darauf achten, die Gesetze anzuwenden, die dafür vorgesehen sind, ohne sich selbst irgendwelche eigene neuen Regeln auszudenken. Stets muss sich ihr Handeln am Willen des Gesetzes orientieren. Manche Gesetze geben ihnen jedoch einen gewissen Spielraum. Beispielweise, wenn ein Richter zu entscheiden hat, welches Strafmaß anzuwenden ist. Hier kann es je nach Richter zu unterschiedlichen Eindrücken und natürlich auch Bewertungen kommen.

WAS MACHT EIN STAATSANWALT?

Vor langer Zeit oblag es noch allein dem Richter, von Anfang bis Ende zu ermitteln, ob jemand eine Straftat begangen hat und wie diese zu beurteilen ist. Hierbei stellten sich jedoch zwei Probleme ein: Zum einen kamen die Richter aufgrund der komplexen Geschehnisse häufig an ihre zeitlichen Grenzen. Zum anderen stellte man fest, dass es mit der Unparteilichkeit der Richter Probleme geben kann, wenn dieser im Grunde seine eigenen Ermittlungen vor sich selbst zu Gericht bringt.

Aus diesem Grund entschloss man sich, ein weiteres Berufsbild zu schaffen: das des Staatsanwalts.

Wenn in Deutschland der Verdacht besteht, dass eine Straftat begangen wurde, leitet der Staatsanwalt die Ermittlungen. Das bedeutet, dass er Beweise sammelt und dann prüft, ob ggf. jemand bestraft werden muss.

Als Staatsanwaltschaft bezeichnet man die Behörde der Staatsanwälte. Sie ist die Herrin des Ermittlungsverfahrens und wird dabei von Kriminalbeamten und anderen Beamten unterstützt. Diese bilden sozusagen ein Team, um gemeinsam Verbrechen aufzuklären.

Wenn der Staatsanwalt der Meinung ist, dass sehr wahrscheinlich eine Straftat begangen worden ist, möchte er dieses von einem Richter beurteilen lassen.

Dafür erhebt er die sogenannte Anklage vor Gericht. Im Gerichtsverfahren tritt er dann entsprechend als Ankläger auf. Dies ist nicht zu verwechseln mit dem Angeklagten, dem das Verbrechen zur Last gelegt wird. Als Ankläger bringt der Staatsanwalt dann den Sachverhalt und die von ihm ermittelten Beweise vor.

Jedoch hat der Staatsanwalt – anders als viele Menschen denken – auch entlastende Umstände zu ermitteln und Beweise dafür zu sichern. Es ist also nicht seine Aufgabe, irgendwelche Unschuldigen vor Gericht zu bringen.

WAS IST EIN GESETZ?

Wir hatten schon zuvor darüber gesprochen, dass sich im Laufe der Jahrtausende immer mehr Menschen zusammengeschlossen haben, um gemeinsam eine Gesellschaft in einer Siedlung oder einem Dorf zu bilden.

Und wie das so ist, war man sich im Siedlungsleben nicht immer so grün. Zunächst löste man die Dinge ganz praktisch: Wer den größeren Stein in der Hand hatte oder mehr Speere in Form von Kämpfern hinter sich versammeln konnte, behielt oft recht, auch wenn uns das aus heutiger Sicht relativ ungerecht erscheint.

Mit der Zeit kehrten etwas zivilisiertere Umgangsformen und Bräuche ein: Die Menschen und vor allem die Herrscher entwickelten Regeln für das Zusammenleben und gaben diese durch Überlieferung, meist mündlich, weiter. Damit waren im Grunde die ersten Gesetze erfunden.

Üblicherweise waren Gesetze ganz praktisch in einer Wenn-dann-Form gegliedert. Zuerst wurde also geschaut, was jeweils passiert sein soll, um dann zu schauen, was in diesem Fall gelten soll.

Aus heutiger Sicht ging es dabei oft um (gewaltvolle) und sehr übertriebene Vergeltung, z. B.:

Wenn du Ehebruch begehst, dann sollst du getötet werden.

Wenn du jemandem einen Apfel raubst, dann soll man dir die Hand nehmen.

Wenn du nicht die Wahrheit sprichst, dann soll man dir deine Zunge verbrennen.

Auch heute noch finden wir diese Wenn-dann-Formel in unseren Gesetzen. Die Juristen nennen diese Wenn-dann-Formel heute Tatbestand/Rechtsfolge. Allerdings sind die bei uns vorgesehen Strafen heute zum Glück ein wenig sanfter. Die Todesstrafe ist, wie du inzwischen weißt, z. B. seit vielen Jahrzehnten abgeschafft. Auch sind viele Dinge heute überhaupt nicht mehr strafbar, die es früher einmal waren: Zauberei z. B. war im Jahr 1532 strafbar.

Doch blicken wir noch mal in die Geschichte zurück: Mit Erfindung der Schrift konnten die Menschen ihre Gedanken und Ideen für die Nachwelt festhalten.

Ein sumerischer König mit dem Namen Ur-Nammu kam 2100 vor Christus auf die Idee, dass es doch ganz wunderbar wäre, wenn fortan nicht immer jeder einzeln seinen Nachfolgern erklären musste, welche Rechte gelten sollen, und beauftragte seine Leute damit, diese Gesetze mit der Keilschrift in Ton und Steine zu ritzen. Dieser sogenannte Codex Ur-Nammu ist bis heute die älteste gefundene Gesetzessammlung. Seine Entdeckung löste den «Codex Hammurapi» ab, die lange als die älteste gefundene Gesetzessammlung galt (1800 vor Chr.).

Heute entstehen Gesetze dadurch, dass gewählte Politiker diese im Bundestag oder Landtag verabschieden.

Im Bundestag können zum Beispiel die Bundesregierung, der Bundesrat oder die «Mitte des Bundestags» eine Gesetzesinitiative starten.

Anschließend wird im Bundestag darüber beraten, und das Gesetz kann beschlossen werden.

Ist das getan, muss es unverzüglich dem Bundesrat vorgelegt werden. Wenn der Bundesrat mit dem Gesetz zufrieden war, wird es vom Bundespräsidenten ausgefertigt.

Er unterschreibt das Gesetz, nachdem der Bundeskanzler oder der zuständige Bundesminister das auch getan haben. Anschließend wird das Gesetz dann verkündet.

Wenn das alles erledigt ist, müssen sich alle fortan daran halten.

Ich weiß. Kompliziert. Ist aber so. Man will ja auch kein unsinniges Zeug verabschieden. Und deshalb sollen nun mal viele Leute vorher draufschauen.

WAS SIND GRUNDRECHTE?

Wir können es uns heute kaum noch vorstellen, aber ein Großteil der Menschen lebte früher in sehr großer Unfreiheit oder gar als Sklave. Viele Herrscher konnten häufig nach Gutdünken über das Schicksal ihrer Untertanen bestimmen, sie ausbeuten und mit ihnen machen, was sie wollten.

Bereits in der Antike und im Mittelalter gab es jedoch schlaue Denker, die der Meinung waren, dass auch den gewöhnlichen Menschen, also nicht nur solchen aus z. B. Adelsfamilien, gewisse Freiheiten zustehen müssen.

Ein Engländer namens John Locke – den Namen solltest du dir unbedingt merken – ging bereits Ende des 17. Jahrhunderts davon aus, dass jeder Mensch ein Recht auf Leben, Freiheit, Würde und Eigentum habe.

Was für uns heute selbstverständlich klingt, war damals geradezu revolutionär. Locke war der Auffassung, dass das höchste Ziel und Zweck des Menschen das Leben ist und die ihm eigenen Rechte nur durch die Freiheits- und Eigentumsrechte eingeschränkt werden.

Unter anderem diese Gedanken von John Locke beeinflussten maßgeblich einen anderen Herrn namens Thomas Jefferson, der sie viele Jahre später in die Unabhängigkeitserklärung der USA aus dem Jahre 1776 aufnahm. Er schrieb dort: «Wir halten diese Wahrheiten für ausgemacht, dass alle Menschen gleich erschaffen worden, dass sie von ihrem Schöpfer mit gewissen unveräußerlichen Rechten begabt worden, worunter sind Leben, Freiheit und das Bestreben nach Glückseligkeit.»

Auch in Europa erstarkten kurze Zeit später diese Freiheitsideen.

In Frankreich verkündete man nach der Französischen Revolution im Jahr 1789 die Erklärung der Menschen- und Bürgerrechte; hierzulande dauerte es noch bis 1848, bis Rechte wie Gleichheit der Bürger, Meinungsfreiheit oder Versammlungsfreiheit in den Grundrechten des deutschen Volks Einzug hielten.

Leider wurden im Laufe der deutschen Geschichte diese Rechte der Menschen mit Füßen getreten, sodass nach den fürchterlichen Erfahrungen aus dem Zweiten Weltkrieg und der Befreiung vom Nationalsozialismus ein Rat zusammentrat, um ein Grundgesetz für die Bundesrepublik Deutschland zu entwickeln, in dem die neuen Grundrechte enthalten sein sollten.

Grundrechte sollen den Bürger vor dem Staat schützen. Man bezeichnet sie als Abwehrrechte. Du sollst dich gegen den Staat wehren können. Wenn du zum Beispiel gegen Handlungen des Staates demonstrieren möchtest, dann kann man dir das nicht einfach so ohne sehr gute Gründe verbieten. Auch dürfen der Staat bzw. seine Vertreter dich nicht einfach so verletzten oder einsperren. In all diesen Punkten kannst du dich auf die Grundrechte berufen.

Bei vielen Grundrechten ist eine Einschränkung möglich durch bestimmte Gesetze oder auch durch andere Grundrechte. Man kann dir deine Grundrechte jedoch nicht nehmen. Du kannst sie nicht verlieren oder verkaufen.

Zwar kann der Staat auch neue Grundrechte ins Grundgesetz aufnehmen oder alte Grundrechte verändern. Es wird z. B. seit einiger Zeit diskutiert, ob Kinderrechte explizit in das Grundgesetz aufgenommen werden sollen, da Kinder «besonders schutzbedürftig» seien, wie es heißt.

So oder so: Der Staat kann bestimmte Grundrechte jedoch nie aufheben. Dazu gehört z. B. Artikel 1, in dem es heißt: *«Die Würde des Menschen ist unantastbar. Sie zu achten und zu schützen ist Verpflichtung aller staatlichen Gewalt.»*

WARUM GIBT ES WAHLEN?

Freie Wahlen sind Ausdruck unserer Staatsform, der Demokratie. Wir Deutschen haben uns diese Staatsform selbst gegeben. Ja, du hast richtig gelesen: Unsere Vorfahren haben vor vielen Jahren entschieden, dass wir in dieser Herrschaftsform zusammenleben wollen.

Und anders als z. B. in einer Monarchie, in der eine einzelne Person wie ein Kaiser, König oder Jarl Träger der Macht ist, geht in Deutschland die Macht vom Volk aus.

Demokratie bedeutet – wörtlich übersetzt – «Herrschaft des Volkes».

Diese ist auch in unserem Grundgesetz verankert. Dort steht, dass alle Staatsgewalt vom Volk ausgeht. Mit Volk sind erst einmal grundsätzlich alle Menschen gemeint, die die deutsche Staatsangehörigkeit besitzen.

Seine Macht übt das Volk in Wahlen aus. Indem wir wählen gehen, nehmen wir Einfluss auf die Gesetze und Geschicke unseres Landes. Politiker bewerben sich mit unterschiedlichen Vorstellungen darüber, wie wir zusammenleben sollten, bei uns. Aus diesen Bewerbern können wir dann auswählen.

Die so gewählten Bewerber sitzen dann beispielsweise im Bundestag und repräsentieren damit uns: das Volk. Sie verabschieden neue Gesetze oder beeinflussen die alte Gesetzgebung.

Kennzeichnend für die Demokratie ist vor allem, dass die Bürger vor der Wahl nicht unzulässig beeinflusst oder unter Druck gesetzt werden dürfen, eine bestimmte Wahlentscheidung zu treffen.

Um dies zu unterstützten, sind die Wahlen auch geheim. Das heißt, dass du niemandem mitteilen musst, was du gerade gewählt hast, damit man dich nicht unter Druck setzen kann. Du dürftest sogar lügen und erzählen, dass du eine andere Partei gewählt hast, als du tatsächlich hast.

KANN MAN PARTEIEN VERBIETEN?

Parteien genießen in Deutschland besonderen Schutz, weil sie wichtiger Teil des Staatslebens sind und wie Bürger Einfluss auf die Politik nehmen können. Deswegen können Parteien nicht einfach so verboten werden.

Ein Verbot ist dann möglich, wenn die Partei das Ziel verfolgt, die freiheitliche demokratische Grundordnung zu gefährden, denn damit ist sie verfassungswidrig.

Ob das so ist, stellt allein das Bundesverfassungsgericht fest (siehe S. 172), das für die Einhaltung der Grundrechte besonders verantwortlich ist.

Der Grund dafür, dass die Hürden für ein Parteiverbot sehr hoch sind, liegt in der Zeit des Nationalsozialismus: Damals konnten Parteien viel leichter durch ein Gesetz verboten werden, und die Nazis haben davon regen Gebrauch gemacht – mit Ausnahme der Nationalsozialisten wurden alle anderen Parteien verboten.

Daraus hat man seine Lehren gezogen: Eine Regierung darf heute nicht einfach in der Lage sein, eine Partei zu verbieten, nur weil sie ihr nicht passt. Unterschiedliche Parteien mit verschiedenen Programmen sind wichtig, um die unterschiedlichen Interessen der Wähler zu vertreten.

Sich mit Parteien und somit auch mit politischen Standpunkten auseinandersetzen zu müssen, die einem nicht passen, gehört zu einem demokratischen Staat also dazu – solange diese Partei nicht versucht, die Verfassung zu beseitigen.

IM BUCH VERWENDETE ABKÜRZUNGEN

(in alphabetischer Reihenfolge)

BayEUG = Bayerisches Gesetz über das Erziehungs- und Unterrichtswesen

BGB = Bürgerliches Gesetzbuch

BtMG = Betäubungsmittelgesetz

EMRK= Europäische Menschenrechtskonvention

GG = Grundgesetz

JuSchG = Jugendschutzgesetz

KunstUrhG = Kunsturhebergesetz

SchulG NRW = Schulgesetz für das Land Nordrhein-Westfalen

StGB = Strafgesetzbuch

StPO = Strafprozessordnung

UrhG = Urhebergesetz

GLOSSAR

Allgemeines Persönlichkeitsrecht – Grundrecht, das die Intimsphäre, Privatsphäre und Sozialsphäre schützt.

Aufsichtspflicht – Meist Pflicht von Erwachsenen oder Lehrern, Minderjährige oder Schüler zu beaufsichtigen.

Datenschutz – Es gibt Informationen über dich, die sehr persönlich sein können. Wo du lebst, wie du heißt, ob du krank bist oder wie viel Geld du hast. Da viele dieser Informationen sehr persönlich sind, müssen diese gut geschützt werden. Dazu dient der Datenschutz.

Gericht – Hier wird Recht gesprochen und z. B. geschaut, ob jemand etwas Unerlaubtes getan hat. Hier arbeiten Richter.

Grundgesetz – Die Verfassung Deutschlands, in der vor allem die Grundrechte enthalten sind.

Grundrechte – Grundlegende Rechte des Bürgers gegenüber dem Staat.

Rechtsanwalt – Vertritt deine rechtlichen Interessen und berät dich in rechtlichen Fragen.

Richter – Entscheidet bei Gericht über Recht und Unrecht.

Staatsanwalt – Führt die Ermittlungen, wenn jemand verdächtigt wird, eine Straftat begangen zu haben, und vertritt die Anklage beim Strafgericht.